ドラッカーに学ぶ
公務員のための

MANAGEMENT
BASIC THEORY

マネジメント教科書

淡路 富男 [著]

同友館

マネジメントを学ぶ意義と本書のねらいと内容

1. 公務員と行政組織のためのマネジメント

◆成果を出せない行政組織

　4年に一度の首長選挙で，立候補者が掲げた政策への評価がなされ，行政業務を担う責任者が選ばれます。選ばれた首長は，その掲げた政策を，行政組織とともに全力で遂行します。これにより，地方と日本全体の暮らしは年々よくなり，幸せに満ちた社会の実現が期待できます。

　ところが現実は，住民減，所得減，仕事減に歯止めがかかりません。地方経営と国家経営を担当する首長・公務員と行政組織は，住民・国民が期待する成果を，長期間にわたって実現できていません。

　ドラッカーは，1968年に刊行した「断絶の時代」で，公的組織は太って巨大になっただけで成果はあげていないと，その浪費・肥大体質を厳しく指摘しています。その一方で，社会の中核組織として成果をあげる活力のある公的組織が必要とも語り，1973年に刊行した名著「マネジメント」で，公的組織も含めた組織が，「社会に貢献できる成果」をあげる基本と原則を，マネジメントとして明らかにしました。

　しかし公的組織は，ドラッカーの指摘や助言にもかかわらず，マネジメントの活用を怠ってきました。結果，公的組織は民意をつかみ損ね，自ら組織の機能発揮を滞らせ，職員を活かせず，莫大な負債を抱えることになりました。

◆公務員がドラッカーマネジメントを学ぶ5つの意義

　現在，「歳入減，歳出・借金増」といった近い将来の破綻をつきつけられている行政組織にとって，組織に成果をもたらすマネジメントの本格的な活用は，緊急かつ最優先の課題です。首長と行政組織で働く公務員すべてが，マネジメントの基本と原則を理解し，その活用を通じた能力発揮で，社会の安定と発展への貢献が求められています。

ただ公務員がマネジメントを理解するのに必要な教材には,企業向けのものが多く,公務員向けに書かれた教材が少ないことも事実です。その中で「人を幸せにする社会とは何か」の追求から誕生したドラッカーのマネジメントは,その対象を行政組織も含めた組織すべてとし,下記のような公務員と行政組織にとって意義ある内容が含まれています。

(1) マネジメントの「基本と原則」を重視している。

ドラッカーは,真摯さのある姿勢を中心に,マネジメントの定義や役割,組織の目的や使命といったマネジメントに関する基本と原則を丁寧に説明しています。マネジメントを基礎から学びたい人には,大きな助けになります。

(2)「住民(顧客)優先」の内容である。

ドラッカーのマネジメントには,組織の目的は「顧客の創造」と定義しているように,顧客(住民)中心の考え方が根幹にあります。これも「公僕:全体の奉仕者」としての役割発揮が求められている公務員には適しています。また住民の創造を可能にするマーケティングとイノベーションを強調している点も,社会での成果を求められている公務員には心強いものがあります。

(3) 人の「強み」を活かした活躍を熱望している。

またマネジメントとは人に関することであるとし,人の能力を信じてその強みを活かし,人が自己実現と成果をあげる諸説を随所に織り込んでいます。人が最大の資産である行政組織には,有用なマネジメント体系といえます。

(4)「成果」を重視している。

ドラッカーは,人や社会に貢献する姿勢で仕事を行い,その結果が組織の外で評価されることを成果とします。組織がもたらす成果により,社会の安定と発展,個人の自己実現が可能になります。マネジメントがこれらを担います。長期間,成果を出せない行政組織には,渇望の考え方と体系です。

(5)「社会との関連」を強調している。

ドラッカーは,組織は社会を良くするためにあるとします。組織が社会問題の解決を,社会貢献の機会とすることは組織の責任であり,その組織を社会で機能させるためにマネジメントを開発しています。

これらの底流には,「人を幸せにする社会」を追求してきたドラッカーマネジメントの真髄があります。社会の1つの組織である行政組織にとって,「幸せ社会」の実現はまさに本業です。ドラッカーは,そこで働く普通の公務員が,社会への貢献と自己実現ができるようにマネジメントを発明しました。

2. 読者のニーズと本書のコンセプト

◆読者（公務員）のニーズ

　ドラッカーは,マネジメントを「組織の生存と成果を左右する組織の機関である」[*1]と明言し,さらに現在の知識社会では,行政組織ほどいまマネジメントを最も必要とする組織はなく,またその実りも大きいとします。

　ただ,マネジメントの父であるドラッカーの諸説は膨大で,その著書は単著だけでも40冊以上もあります。マネジメントの基本学習に絞ったとしても,「マネジメント：エッセンシャル版」を入口として,さらなる研鑽には「マネジメント（上・中・下）」への挑戦が,戦略とマーケティングを深めるには「創造する経営者」,イノベーションの探求には「イノベーションと企業家精神」,個人へのマネジメント適用には「経営者の条件」の学習が必要になります。

　各著書ともかなり分厚く,その読破はマネジメント学習に意欲のある人にとっても,相当の時間と根気を必要とします。下記のニーズをもちながら,マネジメント学習を未消化にしてしまう大きな要因です。

　①公務員に必要なマネジメントの基本を理解したい。
　②リーダーの役割を担ったときに必要なマネジメントを学習したい。
　③日常の業務で自分の能力を発揮するマネジメントを学習したい。
　④政策形成へのマネジメント適用を学習したい。

◆コンセプト「1冊で公務員の役に立つマネジメントの基本を学習できる」

　そこで,これらのマネジメント学習に関する読者のニーズを踏まえて,「1冊で公務員の役に立つマネジメントの基本を学習できる」をコンセプトにした

本書を企画しました。

　内容は，公務員がリーダーとして，政策担当者として，職員個人としてマネジメントを活用するに必要な基本的な事項を，ドラッカーのマネジメント体系から選び抜き，それを公務員の現実と仕事に則して編集し解説を加えました。

　筆者の企業改革でのドラッカー理論の実践と，公的分野でのコンサルティング，研修，審議委員，次世代自治体研究などでの現場経験を活かして著したものです。あなたのマネジメントの理解と実践の一助になればと思います。

◆各章の読み方

　全体を5章と終章で構成しました。各章のはじめと2章からの各節の最後には，これまでのコンサルティングや研修で経験した役所での議論や光景を，市長と職員6人の対話形式による「M市のマネジメント改革」として掲載しました。これは，マネジメント導入の成果を詳説した終章につながります。行政現場でのマネジメント導入の実践ポイントとして参考にして下さい。

市長　　部長　　課長　　係長　　主査　　主任　　職員

　各章のねらいは下記のようになります。

【1章　必要編のねらい】：公務員や行政組織にとってのマネジメントの必要性を理解する。

　社会の停滞状況が続き，住民・国民の幸せが損なわれつつあります。その背景には，人と組織に成果をもたらすマネジメントへの認識不足とノウハウの未熟さがあります。ドラッカーがネクスト・ソサエティ（異質の次の社会）[*2]とした知識の時代は，マネジメントを必要とします。この章で公務員と行政組織にとってのマネジメントの必要性，意義，成果を理解します。

【2章 基本編のねらい】：職員がリーダーの役割を担った場合に，担当する組織やチームにマネジメントを適用して成果を出す方法を学習する。

　リーダーの役割を担う職員が，マネジメントに関する基本事項を理解し，それを組織とそこで働く職員に適用することで，両者に成果をもたらす手順と内容を学習します。本書の中心部分であり，ここで示す「基本手順（P.40参照）」に，3章，4章，5章の内容が組み込まれます。

【3章 政策編のねらい】：組織の成果に直結する政策形成へのマネジメント適用を学習する。

　ドラッカーは，政策形成における戦略的な取組みが，組織の成果を左右するとします。社会で担うべき政策領域を設定し，対象住民のニーズを把握し，その対応を戦略的に行うプロセスを学習します。

【4章 展開編のねらい】：3章で学習した政策形成に関連して，具体的な価値創造をもたらすマーケティング戦略とイノベーション戦略を学習する。

　ドラッカーは，組織に成果をもたらすのは，この2つの戦略しかないとします。政策形成がより住民起点でより斬新な政策の創造になります。

【5章 日常編のねらい】：職員個人が自らの日常業務にマネジメントを適用する方法を学習する。

　ドラッカーは，公務員を組織の成果に責任をもつ知識労働者とし，成果をあげるやり方としてマネジメントを明示しています。職員すべてが自らの業務にマネジメントを適用することで，個々の業務が常に社会と組織の成果を意識したものになります。職員の自己実現も可能になります。

【終章のねらい】：各章の冒頭では，M市におけるマネジメント導入活動を紹介しているが，その成功要因と成果をここで学習する。

　成功要因とは，職員と行政組織がマネジメントの「基本と原則」を自らに適用することです。それは誰もがどの組織でも可能です。それを体現したM市の成果を紹介します。こうした職員と行政組織が，地方と日本の創生を担うことになります。最後にM市でも活用した「マネジメント研修」のカリキュラムを掲載しました。研修の企画に活用して下さい。

3. 目　次

1章　マネジメント必要編
マネジメントが公務員と行政組織に必要な背景と成果をもたらす理由　*1*

M市のマネジメント改革　**(1) 再生模索**　*2*

- **1**【背景】社会にマネジメントが求められる4つの背景　*12*
- **2**【必要】公務員と行政組織にマネジメントが必要な3つの理由　*22*
- **3**【責任】知識社会の次世代公務員は社会で成果をあげる責任がある　*30*
- **4**【可能】次世代公務員と行政組織はマネジメントができる　*34*

2章　マネジメント基本編
組織を通じて成果を実現するマネジメントの基本手順と内容　*37*

M市のマネジメント改革　**(2) 基礎構築**　*38*

- **1**【定義】マネジメントの定義と3つの役割　*44*
- **2**【姿勢】マネジメントに必要な4つの姿勢　*50*
- **3**【成果】マネジメントが求める成果の3つの要件　*56*
- **4**【要件】マネジメントを担うリーダーの3つの要件　*60*
- **5**【特性】社会の機関である行政組織の3つの特性　*64*
- **6**【使命】社会の機関である行政組織の使命　*68*
- **7**【目的】行政組織の目的は住民の創造　*72*
- **8**【機能】行政組織の基本機能はマーケティングとイノベーション　*76*
- **9**【生産】組織の生産性向上を可能にする6つの要因と5つの方向　*86*
- **10**【強み】職員の強みを発揮する人事の4つの原則と個人の5つの習慣　*90*
- **11**【動機】職員から最高の仕事を引き出す8つの動機づけ条件　*94*
- **12**【規範】職員の卓越性を発揮させる4つの行動規範　*98*
- **13**【組織】組織設計の7つの要件とこれからの組織構造　*102*
- **14**【廃棄】体系的廃棄による現資源からの総成果の増大　*106*

- 15 【社会】組織本来の機能発揮をめざす社会的責任の遂行　*110*
- 16 【両立】成果は大義と経済性の両立による活力向上　*114*

3章　マネジメント政策編
政策・施策・事務事業にマネジメントを適用して総力を結集する　*117*
M市のマネジメント改革（3）総力結集　*118*

- 1 【政策】住民の創造を実現する政策の定義　*122*
- 2 【対象】政策の対象となる住民の設定　*126*
- 3 【目標】政策目標の設定とその主要目標内容　*130*
- 4 【戦略】政策推進のための戦略計画策定プロセス　*134*

4章　マネジメント展開編
マーケティング戦略とイノベーション戦略を活用して住民創造を実現する　*139*
M市のマネジメント改革（4）住民創造　*140*

- 1 【創造】住民創造のための基本戦略体系の把握　*144*
- 2 【住民】4つのマーケティング分析と戦略の策定　*148*
- 3 【革新】7つのイノベーション機会の分析と4つの戦略策定　*160*
- 4 【推進】基本戦略推進のための起業家的組織の構築　*168*

5章　マネジメント日常編
毎日の日常業務にマネジメントを適用して成果を実現する　*173*
M市のマネジメント改革（5）職員活躍　*174*

- 1 【姿勢】組織で働く職員の基本姿勢は他への貢献　*178*
- 2 【目標】全体目標と個人目標を両立する自己目標管理の活用　*182*
- 3 【生産】職員の生産性向上を実現する6つの条件　*186*
- 4 【強み】職員が仕事で卓越した強みを発揮する7つの方法　*188*
- 5 【時間】時間マネジメントによる仕事時間の確保と活用　*194*
- 6 【集中】重要な仕事に集中し強みの発揮で最大成果の実現　*198*

7 【決定】職員が成果をあげる行動のための意思決定　*202*
8 【総力】周囲の強みを活用した総力発揮で最大の成果　*206*
　　　　ドラッカーの想い「マネジメントは人の幸せを実現すること」　*210*

終章　マネジメント事例編

　　　　M市マネジメント導入の成果と成功要因　*213*
　　　　　　M市のマネジメント改革 **(6) 使命の旅**　*214*
　　　　ドラッカーマネジメント実践のための研修概要　*222*

4. 他の工夫

　公務員の方がよりスムーズに，マネジメントの理解や職場での活用ができるように，以下の工夫を行いました。
　①ドラッカーの諸説は，同じ内容のものが，ドラッカーの複数の著書に多彩な表現で記載されてあり，このため理解に戸惑うことがあります。そこで関係著書を参照し，理解しやすいように整理をしました。
　②ドラッカーのマネジメント体系や文意を前提として，その内容を行政組織での使われ方にあわせて調整しました（例：企業を組織，市場を社会，顧客を住民，説明や事例などは行政組織の場合を想定する）。
　③ドラッカーの考え方や体系をより深く理解したい人のために，出典を明記しました（P.227以降を参照）。そこでさらにマネジメントの研鑽を続けて下さい。

　ドラッカーが強調するように，マネジメントはトップだけのものではありません。行政組織に働く普通の職員すべてに必要なものです。マネジメントを理解した職員の多い組織が，その能力を最大限に発揮することで，地方と国の再生と創生に貢献することができます。

1章 マネジメント必要編

マネジメントが公務員と行政組織に必要な背景と成果をもたらす理由

M市のマネジメント改革 (1) 再生模索

現職落選と住民の首長選択基準の変化：マネジメントは上手ですか？

◆成果を出せない現職市長の落選

　「現職落選と低投票率は住民の失望」と地元のマスコミは報道しました。8年前は期待の新人と注目されたM市市長が，3期目に挑戦して落選しました。票差は僅差でしたが，投票率は大幅にさがりました。地域社会の低迷に有効な政策を打ち出せない首長と，市役所の仕事ぶりに対する住民の意思表示です。現職の落選は前市長本人の責任ですが，共に仕事をした職員の責任もあります。現職落選の場合の開票翌日の庁内は，何か後ろめたい空気が漂います。M市でも，市長室と同じフロアーにある経営企画部，財務部，上階の総務部には空虚感が広がっていました。

　それなりの政策推進と行政改革を進めてきたつもりでしたが，4年間の市役所の政策と仕事ぶりは，住民からは支持されませんでした。自らの努力を，庁舎の外での成果にできない市役所への，厳しい市民評価を示した選挙でもありました。

◆住民が市長と職員に求めたもの

　不況，社会保障の危機，政権交代，大震災，借金の膨張，政治の混迷，議会の低迷，増税などを経験して，住民の行政組織リーダーへの選択肢は変わりました。保守（後退）⇄ 革新（不安），ベテラン（前例）⇄ 新人（非力），古参（旧式）⇄ 若手（未熟），公人（前例）⇄ 民間人（未知）といった旧来型の対比ではなくなっていました。

　「革新，新人，若手，民間人」を叫ぶことは，不安，非力，未熟，未知の自らの表明にもなります。その連呼を聞いた住民は，それでは組織内の多数の職

員を，重要な社会課題の解決に向けて，マネジメントできる力はないと判断します。「保守，ベテラン，古参，公人」では，組織は化石のようになります。人気やカリスマ性に頼っては，リーダー選出の本質を見失わせます。

　大事なのは，その人の特性ではなく，①社会を良くし住民を幸せにするために何を為すのか，②健全な成果を出せるか，③範になれるかです。それは，リーダーを支援する職員に対しても変わることはありません。社会や企業が機能するには，行政組織とそこで働く職員が，成果をあげなければなりません。多様化，複雑化，高度化，そして難度が高まる時代環境は，リーダーとそれを支援する組織に，時代に対応できる真摯さと専門性を求めます。

　新市長も，選挙戦での住民の反応や低投票率から，「本当に選挙で掲げた地域福祉の充実と地域の再生を実現できるのか」「それに向けて組織をマネジメントし成果を出せるのか」「期待をしても失望させられる」といった，行政リーダーの力量に対する，住民の厳しく根強い不信を強く感じさせられました。

◆「福祉の充実と地域の創生」のための組織改革

　登庁した新市長は，全職員に対して，「福祉の充実と地域の創生」のための組織改革を宣言し，経営企画部には，組織改革の現状に関する報告を求めました。

　経営企画部長は，改革については基本計画の戦略化，年度方針の明示，政策会議の新設，目標管理の導入，業務への民間手法の活用，事業レビューの実行などは，かなりの成果と自己評価をしていました。市長への報告内容は「それなりの改革は進めている。隣接自治体と比べても遜色はない。だが，内容に関する住民への浸透が不十分で，それで改革が評価されていない」といったものでした。

　新市長は，「住民目線が欠落し，成果を庁内からしか見ていない。手段導入による内部の努力と横並びだけを強調し，奉仕すべき社会での組織の役割，成果不足の原因を直視していない」と再報告を求めました。

学識委員：その行政改革大綱案では目的が実現できません。

◆行政改革推進委員会での発言

経営企画部では新しい取組みが必要と認識して，その方向を模索しました。その糸口は，行政改革推進委員会での各委員の発言にありました。

会　　長：この行政改革大綱素案について，何か質問はありませんか。

学識委員：会長，この大綱素案は，総務省の指針を下敷きにして，重要と思われる項目を並べただけのものです。先に策定した新総合計画を，市民と協働して推進できる行政組織を創りあげるといった観点が不足しています。これでは大綱素案に記載してある目的は実現できないと思われます。市長が打ち出した「福祉充実戦略」「地域成長戦略」「財政健全化戦略」のための組織改革にも貢献できません。

会　　長：目的に関する重要な指摘なので，他の委員や事務局の人たちにもわかるように，もう少し説明をしていただけませんか。

学識委員：社会の1つの機関である行政組織は，社会に貢献できる「成果」をあげる責任があります。それには，組織の役割を明らかにし，その役割発揮のためには，何が必要なのかを考えることです。

具体的には，新総合計画を推進できる新組織モデルを明らかにし，それに向けて何を行うべきかを策定することが，目的を実現する計画につながります。

事 務 局：推進できる新組織モデルを考えるには何が必要ですか。

学識委員：それは「マネジメント（経営）」を研究することです。組織が機能するにはマネジメントが必要です。行政組織の多くが「成果」を出せないのは，マネジメントが十分でないことが主要な原因です。

市民委員：市役所はよく民間手法を取り込んで改革をしてきたと説明します。しかし，窓口の応接が多少よくなる程度で，政策や体質での成果は実感できません。たとえば，力を入れている事業レビューも，監視的な意味合いはあると思いますが，価値の創造にはつながっていません。

1章　マネジメント必要編　マネジメントが公務員と行政組織に必要な背景と成果をもたらす理由

会　長：確かに何を行うか（what：新総合計画）がわかっても，どのように行うのか（how：行政改革）が旧態依然では成果は期待できません。行政組織のマネジメントについては，ドラッカーの諸説が参考になります。事務局は，各委員の意見とマネジメントに関する検討もふまえて，再度素案を作成して下さい。

◆経営企画部内でのマネジメント研究

　経営企画部の管理職は，マネジメントという用語は知っていました。だがそれは民間経営のことでした。しかし，改めてマネジメント関係の資料を読み検討してみると，その認識は狭すぎることが判明します。

　一方，部内の若手職員は，会長から薦められたドラッカーマネジメントを学習し，「マネジメントは組織に成果をもたらす。企業だけではなく社会の機関である組織すべてに有用である。成果をあげるには顧客の創造が必要。それにはマーケティングとイノベーションが不可欠になる」といった論旨に，行政組織の新たな可能性を感じていました。さらに，公務員はマネジメントで成果をあげることが可能とする，ドラッカーの指摘に勇気づけられました。

　しかし，庁内の現実は先の各委員の指摘に加えて，「使命不在，住民軽視，改革不足，意欲空回，自信喪失」といった深刻さがありました。危機感をもった若手職員は部長や課長に，「庁内にマネジメントの基礎的素養がないと改革すべてが実にならない」と行政改革へのマネジメント導入を提案しました。

　部長も現状の前例踏襲型の改革方法のままでは，前計画の是正と同じ内容の繰り返しになり，常に変化する市民との乖離がより大きくなると感じていました。

◆行政改革推進委員のアドバイス

　部長は，市長への再報告と組織改革についての提案をする前に，再度，行政改革推進委員会の意見を参考にすることにしました。委員会でマネジメント導入の趣旨を説明し意見を求めました。次が委員会の助言内容です。

(1) マネジメントは行政組織には必要である。

長期間，成果を出していない行政には，組織を正しく機能させるマネジメントを活用し，住民が評価する「成果」を実現することが必要である。職員の能力からすれば，マネジメントを理解し行動することは難しくはない。

(2) ドラッカーのマネジメントは行政組織に適している。

行政組織のマネジメント学習としては，「社会を良くし人の幸せの実現」を追求したドラッカーのマネジメント諸説が最適である。ただ，著書が多いことから，学習内容は職員向けに編集する工夫が必要である。

(3) マネジメントは知識時代の職員には不可欠である。

ドラッカーが強調するように，時代はカネ（予算），モノ（施設）の時代から，職員の福祉に関する「知識」が社会を動かす知識時代に移行している。この新時代で公務員が成果を出すには，マネジメントが不可欠である。

(4) 仕組みの構築である行政改革と連動させることで効果があがる。

ドラッカーのマネジメントは，仕事を行う際の考え方や取組みに本質的な示唆を与えてくれる行動指針である。ただ，具体化については，読者に任せている部分もある。そこで，マネジメントの学習を具体的な仕組み構築と関連させることができれば，実践的な理解と仕組みの構築にもよい影響を与える。

部長は，以上の助言を参考にして，行政改革と関連させたマネジメント導入を決意しました。部内の職員には，「マネジメント（エッセンシャル版）」の精読を依頼し，後日マネジメント導入に関する検討を行うことにしました。

職員：ドラッカーのマネジメントは職員と行政組織に大いに役立ちます。

（マネジメント導入検討会1：[総合企画部]）

◆**すぐには理解できないが必要性は高い**

部　長：マネジメントの導入は庁議で了承されました。そこで，ドラッカーの「マネジメント（エッセンシャル版）」を読んだ皆さんの，「職員のためのマネジメント導入」に関する意見を聞かせて下さい。

1章　マネジメント必要編 マネジメントが公務員と行政組織に必要な背景と成果をもたらす理由

係　長：これまでは本格的に学習してこなかったことから，内容を一読で理解するのは大変でした。ただ「組織は社会の機関であり，その存在は自らの機能を果たすことで社会，コミュニティ，個人のニーズを満たすためにある。その組織を成果に向けて機能させるのがマネジメントである」といった論旨の展開は，社会的な成果が求められる行政組織に対するマネジメントの必要性を見事に表現しています。

主　査：一応，最後まで読み通しましたが，理解は半分もいきません。しかし，「目的と使命」を基に成果をあげる行動を重視する内容は，行政改革を流行のプログラムや民間手法の導入ですましてきた我々に，方向の転換を迫る内容で非常に刺激されました。

マネジメントの役割を「①自らの組織に特有の使命を果たす，②仕事を通じて働く人を活かす，③社会の問題について貢献する」[*1]としています。明瞭かつシンプルであることから，我々にも理解できそうです。

主　任：全部で9章ありますが，読むことができたのは4章までで，後は文字を拾うといった読み方になりました。それでも，組織の目的を顧客，つまり住民の創造とし，それにはマーケティングとイノベーションが必要とする主旨は，現場で住民起点の成果のあがる公共サービスの提供が求められている私には，大きな発見でした。

また，マネジメントは，新人職員でも仕事の成果に責任をもつ人なら必要といった指摘には驚かされました。一般職員にもマネジメント研修が必要です。

◆マネジメントは人の幸せに貢献する

課　長：私は再読です。数年前に読んだときには，マネジメントの必要性はそれほど感じませんでした。しかし今回は，ドラッカーの他の著書も併せて読むことで，先の委員会が指摘した，行政組織でのマネジメントの必要性を強く自覚させられました。目的・使命と成果を重視し，

「行政組織が成果をあげるうえで必要とするのは偉大な人物ではない。仕組みである」*2といった指摘は，行政改革で着手した経営の仕組み作りの重要性を確信させてくれます。手段にとらわれすぎたこれまでの行政改革は，反省しなければなりません。

さらにマネジメントが，ドラッカーの「人は社会で幸せになれるか」といった問題提起から発しているとは，考えもしなかったことです。

職 員：先日，テレビである識者が「ドラッカーマネジメントの中心には人の幸せがある。その実現には社会の安定と発展が必要で，そこで重要な役割を果たすのが組織である。ドラッカーは，その組織を機能させるために，マネジメントを発明した」と解説していました。

部 長：なるほど，理解のしにくさは多少あるようですが，有用性は高いようです。基本と原則的なことが多いといったことは，我々が見落としてきた当たり前のことの重要性が，指摘されているとも考えられます。さらに，ドラッカーマネジメントの原点に，社会における「人の幸せ」への想いがあることは，我々の学習意欲を強く刺激します。

課 長：市長は課長会議で，行政改革の推進には，職員がマネジメントを理解し，「縮減」だけではなく住民から見てなすべきことを徹底的に行い，住民が求める「幸せ地域社会」を実現しなければならないと発言しています。

係 長：ドラッカーも，行政組織の問題の根本は「効率の悪さではなく成果の欠如」であるとし，それは「なすべきことをしていないこと」と目的喪失に関する指摘をしています。縮減だけでは組織の力を弱めます。

部 長：皆さんの意見からすると，ドラッカーを参考にして理解上の工夫をすれば，庁内業務にマネジメントが活用できそうです。また，課長が指摘した「行政におけるマネジメントの必要性」への理解は，マネジメント導入の前提になります。

そこで，マネジメントの必要性について，ドラッカーの他の著書も参考にして，職員が理解しやすいようにまとめてください。その後，マ

ネジメント全体についてもまとめ，行政改革の実践や職員課と連携した職員研修にも活用したいと思います。

課　長：わかりました。私も現在進行中の行政改革をより実践的なものにするには，全員が共有できるマネジメントの基本となる考え方が必要であると感じていました。最初のテーマになる「行政組織におけるマネジメントの必要性」についての原案は，私が担当して次回に報告します。

課長：行政組織が社会でその役割を果たすにはマネジメントが必要です。
（マネジメント導入検討会2：［総合企画部＋総務部職員課］）

今日は「行政組織におけるマネジメント（経営）の必要性」についての検討の日です。総務部職員課の課長と主査も参加しています。経営企画課長は，資料を配布した後，説明を始めました。

◆課長のプレゼンテーション要旨（P.11の図解参照）

ドラッカーは，これからは次世代社会である知識社会（ネクスト・ソサエティ）が本格化するとする。専門知識が社会経済活動での中心的資源になる新時代である。その専門知識を機能させるには，他の専門知識との結合が必要になる。その役割を果たすのが組織である。組織は知識労働者の専門知識を共通の目的に向け結集するためにある。知識社会は組織社会になる。

　組織の役割が重要になると，組織の機能を十分に発揮させることが求められる。これが「マネジメントの必要性」となる。行政組織もマネジメントがなければ，福祉の専門知識を結集し結合する機能を発揮することができず，組織の成果は得られない。マネジメントは，社会に貢献する組織すべてに不可欠になる。

◆マネジメントの役割と必要性

主　任：図解にある公務員の周りに描いてある楕円の太い線は，何を意味しているのですか。また組織とマネジメントを，上下セットで表現している理由も聞かせて下さい。

課　長：楕円の太い線は，福祉や教育といった専門知識を保有する知識労働者である職員を，組織が目的にあわせて結合することを示しています。住民ニーズに対応した横断的な行政サービスの提供が可能になります。これが組織の役割です。その役割を発揮させるのがマネジメントです。組織とマネジメントは一対のものです。

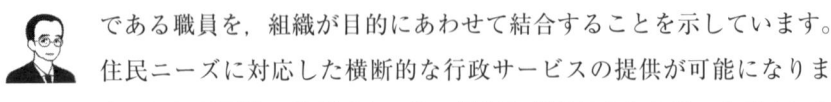

主　査：図解を，社会（知識社会）→ 知識労働者（公務員）→ 組織 → マネジメントの関連で考えると，次世代知識社会での公務員と行政組織の活動には，マネジメントが不可欠であることがよくわかります。我々は，この知識社会に対応できる次世代公務員への移行が求められています。その要件の1つとしてマネジメントの修得があります。

◆成果は組織の外にある

係　長：図解では大きな矢印で，組織が成果の実現を通じて社会に貢献する機関であることが表現されています。この実現のためにマネジメントが必要になりますが，矢印の成果とは主に何をさしていますか。

課　長：ドラッカーは，マネジメントの評価は成果で決まるとし，成果をとても重視しています。その成果は組織の外に表れるもので，具体的には人間の生活，人生，環境，健康，期待，能力の変化とします[*3]。広義に考えれば「社会を良くし人を幸せにすること」になります。

職員課
課　長：専門知識を有する職員の能力活用には，組織やチームの機能を発揮させるマネジメントが必要であることがよく理解できました。職員課でも知識時代の職員に適したマネジメント研修を企画していきます。

部　長：では，今回の検討内容をベースにして，現場で仕事をする職員すべてのために，マネジメントの考え方や体系をまとめあげましょう。

その後，経営企画部は行政経営アドバイザーと協働して，マネジメント導入の準備を本格化させ，「公務員と行政組織におけるマネジメントの必要性」をテキストとして作成しました。

　こうして，行政現場へのマネジメント導入が開始されました。最初はマネジメントの必要性に関する理解の徹底を目的にした全庁的な研修の実施です（研修のカリキュラム例はP.222参照）。

課長が作成した「図解：マネジメントの必要性」

新時代の知識社会における公務員と行政組織は「社会を良くし人を幸せにする」ためにマネジメントを必要とする。

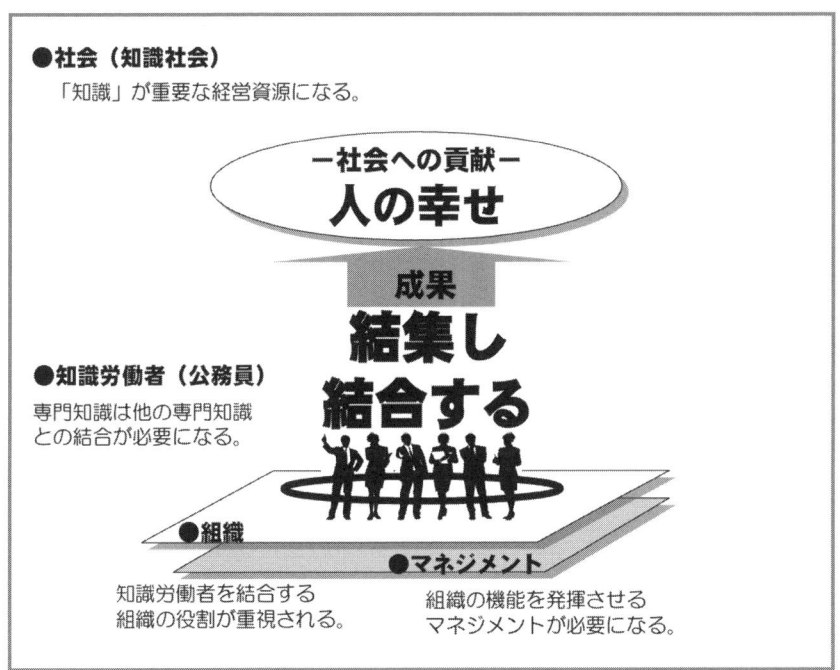

1 社会にマネジメントが求められる4つの背景

○学習のポイント○

以前と比較すると，民と官を問わず働く人の多くがマネジメントに関心をもつようになりました。この背景には，人や組織の社会における深刻な「成果不足」があり，それがマネジメントへの期待となっています。

1. 住民・国民の幸せを蝕む4つの背景

◆組織とマネジメントの登場

「なぜ，人と組織は成果をあげられなくなったのでしょうか」といった質問を，講演会でいただくことがあります。社会における人と組織の目的や使命の確認とマネジメントへの期待が込められた質問です。組織の成り立ちから考えてみます。

担当している福祉の仕事が質量とも拡大し，自分一人の能力では手に負えなくなると，他の協力が必要になります。すると組織・チーム（以降は組織と表現）への関心が高まります。

それが内部の人と協力して仕事を行う場合には，既存組織の活用や新組織の編成といった，組織としての仕事のやり方が必要になります。それが外部の人との協力である場合では，その協力者との良好な協働関係を構築して，これも組織としての機能発揮が求められます。

すると，このような組織的な活動を適切に行うには，個々が担う職務，たとえば福祉や地域振興の専門知識に加えて，もう1つ別の専門知識が必要になります。それがマネジメントで，組織活動には必ず用意しなければならないものになります。

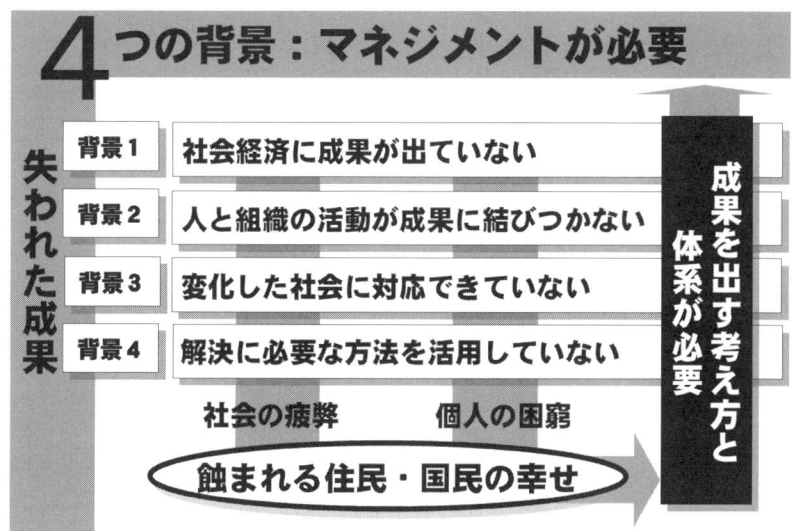

◆組織に成果をもたらす考え方と体系

　マネジメントといった専門知識があることで，組織内外での人の組み合わせが適切に行われ，組織目的を達成する可能性が増大します。それは同時に，組織で働く人の目的達成にもつながります。詳しくは第2章以降で説明しますが，マネジメントは，このように組織とそれに関係する個人に，目的とした「成果」をもたらします。

　ところが冒頭の質問のように，1991年のバブル崩壊から20年以上も人と組織の成果不足が続き，住民・国民の幸せが蝕まれつつあります（上図参照）。この背景には，①社会経済，②人と組織，③変化への対応，④改革方法に関する変化への対応の巧拙があります。ここに，質問者が指摘した人と組織の成果不足の本質的な要因の存在と，その解消策としてのマネジメントへの期待があります。

　この成果不足は，民間，行政分野共通の課題ですが，ここからは，行政分野に重点を置きながら，その背景と対応のあり方を考えていきます。

2. 背景1：社会経済に成果が出ていない

　最初の背景要因は社会経済の状況です。人や組織が活動する社会経済で、評価できる「成果」が少ないことが、マネジメントへの関心につながっています。

◆既得権維持の姿勢増加

　企業が懸命に企業革新を実践しても、地方と中央政府が行政改革に努力しても、国内の活力が高まりません。生活上の悩みや不安から、支援や補助を求める声だけが大きくなり、その救済のためとして様々な主義（イズム）が叫ばれ始めています。

　真面目で辛抱強く浪費癖の少ない日本人に、課題への挑戦よりは、いま手にしている権利を主張する姿勢と行動が、心なしか目立つようになりました。

◆厳しい経済社会状況

　確かに中長期的な状況は深刻さを増しています。国内総生産は2010年に中国に抜かれました。有力機関の調査[*1]によると、このままでは、2030年前後にはインドに、2050年にはブラジルにも抜かれると予測されています。

　社会保障制度も、社会保障給付費の膨張に伴い油断ができない状況です。潜在的国民負担率（税金＋社会保障＋財政赤字）は、年々上昇を続けて2009年に50％を超えました。これに増税と更なる借金増が加算されることで、住民・国民の負担が限界に近づいています。さらに、国民所得の半分以上を、マネジメントに不慣れな公的部門が担うことも気がかりなことです。

　地方の疲弊は加速しています。日中の商店街には人通りが少なく、夜の繁華街も閑散としています。加えて地方経営を担う役所では、「歳入減、歳出・借金増」といった、将来の財政破綻を示す予算案の上程が定着しかけています。このままでは、住民・国民生活の水準低下は避けられない状況です。社会における人の幸せが脅かされています。

1章　マネジメント必要編　マネジメントが公務員と行政組織に必要な背景と成果をもたらす理由

◆人と組織の考え方と行動に問題

　このような社会経済の動向は何となくではなく，人と組織（企業，政府・行政，非営利組織，政党，労組，病院，学校など）自身の活動の集積からもたらされます。

　ドラッカーは，社会に必要な財とサービスの大部分を組織が提供し，多くの人がその組織で働いている現代社会では，この人が働く組織を，より良く機能させることが，社会の安定と発展につながると指摘します。

　すると，現在の社会経済の低迷要因の1つに，人や組織の考え方や行動に，何か成果に結びつきにくい本質的な課題があるのではといった疑問が生じます。人や組織の成果に影響を与えるマネジメントに注目が集まります。

3. 背景2：人と組織の活動が成果に結びつかない

　2つめの背景要因はその働く人と組織の状況です。現在の日本は，人と組織が一生懸命に学び働いても，それに見合った成果が得られない状況が続いています。共に働きながら喜びを感じる機会も減っています。

　衣食住に関する環境が整備され，前向きで教育水準も高い人々が活動する日本社会で，なぜ人や組織が成果をあげ，喜びを感じることができなくなったのでしょうか。

◆人の活動が成果に結びつかない

　まず個人の仕事ぶりを見てみると，そこには一人で努力をするだけでは，成果が出せなくなった社会の変化があります。社会が多様化，複雑化するにつれ，多くの分野で一人では対応しきれない課題が増えつつあります。さらに，対応のために個人が持っている知識や技術が，変化の速さからすぐに陳腐化してしまい，役に立たなくなります。

　たとえば，公共サービスの提供においても，社会の複雑化，変化の速さから，その対応には，常に既存政策の見直しと廃棄，それに伴う多様な関係者と

の調整,並行して新政策の創造とそれに関する専門知識の習得といった取組みが必要になります。

この多彩に変化する環境に,個人の力で成果に結びつく対応を行うには,限界があります。自分の仕事の結果を意義あるものにするには,変化に対応して仕事を成果に結びつける知識や方法を身につける必要があります。

◆組織の活動が成果に結びつかない

次は組織の仕事ぶりです。社会経済の動向を毎日伝える新聞の一面には,企業や行政に関する記事が多く掲載されます。社会経済の重要課題の解決には,多数の組織が関与しています。ドラッカーは,現代は組織中心の社会になったとし,社会の進歩には組織が大きな貢献をしなければならないとします。

しかし,社会経済の多くの分野で,住民・国民が納得する組織活動の成果が減少しています。たとえば内閣府の調査では,政府の政策に国民ニーズが反映していると回答する人は20%以下です。自治体の同種の調査でも肯定的な回答は20〜30%です。住民・国民が評価しない福祉と経済政策が横行しています。

このことが,社会経済の低迷と所得減や失業を通じて,住民・国民生活の悩みや不安を高めています。現在の行政組織には,住民・国民のニーズを把握し,それを社会での成果に変換できる能力と仕組みが十分ではありません。

◆成果の出せない人と組織のあり方を根本から見直す

このように,人と組織とも,かなりの努力をしても,お互いの成果が確認できない状況が続いています。ここから,1つは自分の社会や組織での働き方,もう1つは組織自体の役割やその活動を,目的や使命といった物事の根本から見つめ直してみたいといった目的志向の動きになります。このことも,人と組織の成果向上に貢献するマネジメントへの関心と期待の高まりにつながっています。

4. 背景3：変化した社会に対応できていない

　3つめの背景要因は，人と組織の環境変化への対応方法の状況です。必死の頑張りや努力ではなく，環境変化を理解した考え方や行動が求められます。

◆次世代の知識社会（ネクスト・ソサエティ）の出現

　あまりにも長きにわたる人と組織の成果不足には，両者の仕事のやり方や努力自体が，社会の変化に適合していないことも考えられます。たとえば，行政組織のこれまでの頑張りは，カネ（予算・借金）を増額し，より多くのモノ（施設建設と制度）の提供に注がれてきました。しかし，維持が重荷になるほどの多くの施設と制度，借金を抱えて地方と国は困窮し疲弊しています。

　ドラッカーは，このようなカネやモノに依存した努力の成果不足の背景として，資本主義社会から知識社会の到来を指摘します。それは，資本主義社会で主導的な資源であった資本と労働力に代わって，知識が活動の中心的な資源になる知識社会の登場です。「ヒト・モノ・カネ」といった資源以上に，「専門知識」が成果の産出に貢献する次世代社会の出現です。

　それまでの主役であったモノとカネは，知識を適用することで，社会により大きな成果をもたらす資源になります。知識が他資源の活用を主導し，人と組織の成果を実現する中核手段になります。これへの対応が要請されています。

◆専門知識には結合が必要

　確かに資金があっても金融の専門知識がなければ，低金利の貯金で終わります。行政でもいくら予算があっても，地域に関する専門的な知識がなければ，地域社会に貢献できる政策の策定にはなりません。社会における有効な課題解決には，知識が必要です。

　その知識は，社会の多様化，複雑化に対応して，高度に専門化することが求められます。ところが専門知識は，専門化すればするほど使い方と用途が限定され，単独では社会の成果に結びつかなくなる傾向があります。このため専門

知識には，目的にそった他の専門知識との結合が必要になります。

たとえば，福祉の専門知識は，雇用の専門知識との関連で，住民の自立につながるより有効な専門知識になります。防犯・防災の専門知識は，地域の協働に関する専門知識と結びつくことで，地域に密着したより効果的なものになります。このように人と組織は，個々の専門知識を結合させることで，より大きな成果を手にできる「知識社会」にいます。

◆知識社会に対応した体制への変換

ところが人は，専門知識を保有すると，それに固執しがちになります。他との関連よりは自分の専門を優先し，外部の横断的なニーズに無関心になります。特に行政組織には，組織の多階層と縦割り体制，業務の囲い込み志向，閉鎖的な組織体質，全体益より個別益優先といった構造と特性から，専門知識の多様な結合を妨げることが多々あります。

公務員と行政組織は，「知識社会」の主役である専門知識を，社会での成果に結びつける最適な手立てを入手しなければなりません。それは知識の特性に対応した働き方と組織体制の構築です。この役割はマネジメントが担います。知識社会の主役に成果をもたらすマネジメントに期待がよせられます。

5. 背景4：解決に必要な方法を活用していない

4つめの背景要因は，現在の停滞した社会経済状況を打破する，新しい思考や方法の必要性です。停滞した現状の継続ではない，住民志向の画期的なやり方が求められます。それがマーケティングとイノベーションという専門知識の活用です。

◆過去と同じ方法は通用しない

マネジメントが注目される最後の背景要因が，現在の社会の成果不足に対応する方法の課題です。成果を出すには，その課題の状況に応じた知識とやり方

の準備が求められます。

　これまでに明らかにしたように，日本の停滞は国家破綻が論じられるほど深刻です。それは，平成2年に約60兆円もあった国家税収が，現在では40兆円台まで減少したことでもわかります。地方と国の成長力が枯渇しています。

　この危機的状態は民間企業の不振も理由の1つですが，地方と国家経営を担う行政組織のこれまでのやり方や改革程度では，何も解決できないことも示しています。過去と同じ方法を続ける限り，過去と同じ結果しか得られないということです。「失われた20年超」がそれを証明しています。行政活動の多くの領域で，その考え方，やり方，制度について，従来とは異なる取組みが求められています。

◆マーケティングとイノベーションの必要性

　そこで必要なことは，真に必要な住民ニーズの把握を可能にするマーケティングと，廃棄と斬新な発想で従来方法を革新するイノベーションの実行です。ドラッカーは，組織が成果をあげるための機能は，このわずか2種類だけに限られるとします。成果をあげるための組織の基本機能とします。

　現在の行政組織が経験しているように，組織には必ず危機が訪れます。ただ幸いなことに危機の漢字が示すように，そこには備える「危」と挑むべき「機」が内包されています。このことが危機に際して，組織にマーケティングとイノベーションを行う責任をもたらします。

　危機でのこの2つによる対応が，組織を覚醒させ，過去との決別と新しい分野を切り開く「成長と発展のきっかけ」になります。現状の地方と国の閉塞した危機的な状況から脱却するには，マーケティングとイノベーションについての専門知識が有効な解決手段になります。

◆多様な資源を結集するマネジメントが必要

　このマーケティングとイノベーションは，営業上手な民間人や特異な才能をもつ発明家のことでも，偶然に手にするものでもありません。多様な人たちの

住民起点の相互作用で，創造的で画期的な解決策を生み出す日常的な方法です。

それには一人ではなく，垣根を越えた多くの専門家の協力が必要になります。組織を編成して，各自が保有する専門的知識を結合して環境対応力を拡充し新価値を創造することで成功する可能性を飛躍的に高めることです。

ここから，マーケティングとイノベーションには，目的達成のために多様な経営資源を結集し結合する，体系的なマネジメントの支援が必要になります。これもマネジメントが注目される背景です。

⦿4つの背景要因とマネジメントの関連⦿
社会の疲弊と個人の困窮を打破できる
**　　　　次世代公務員と行政組織の出現が必要**

◆社会と組織で失われる人の幸せ

冒頭の質問のように，現在の地方と国は，人と組織のかなりの努力にも拘わらず，社会での成果に結びつかない危機的状況が続いています。それは社会の疲弊と個人の困窮を通じて，「社会における人の幸せ」を少しずつ奪いつつあります（背景1）。

社会経済の安定と発展は，人と組織の多様な活動に起因します。公務員は組織を通じて，行政組織は公務員の仕事ぶりによって，社会経済の発展に貢献ができます。しかし，公務員と行政組織はうまく機能していません。共に働くことで得られる仕事の喜びと成果が失われ，「組織における人の幸せ」が消失しかけています（背景2）。

その社会経済は，ドラッカーが「断絶の時代」（1968年刊）で論じた知識社会に変わっています。この知識社会で人と組織が成果をあげるには，専門知識の適切な結合が必要になります。しかし，公務員と行政組織には，この結合への手立てが不足しています（背景3）。

さらに，長きにわたる停滞は，マーケティングとイノベーションに関する専

門知識活用の必要性を訴え続けています。ところが，公務員と行政組織は，この成果に直結する2つの方法が得意ではありません（背景4）。

◆現在の低迷を打破できる公務員と行政組織

社会経済での成果が乏しくなり，社会の疲弊と個人の困窮が深まりつつある地方と国にとって，いま最も必要とするものは，「新時代といわれる知識社会（背景3）」で，「新しい考え方や方法（背景4）」を駆使し，「社会で成果をあげる（背景1）」ことができる「公務員と行政組織の創造（背景2）」です。

この創造に向けた改革の取組みを怠ったことが，冒頭の質問のような人と組織の成果不足を招いています。ドラッカーは「経済発展とは，一人ひとりの人間とコミュニティの活力の問題である。政府は，この活力を育てることも殺すこともできる」[*2]とします。

公務員と行政組織は何らかの方法で，この成果不足といった課題に取り組まなくてはなりません。保有する福祉に関する専門知識を，社会を良くし，住民・国民の幸せを実現するために効果的に活用できる，知識社会での「次世代の公務員と行政組織」に変わらなければなりません。

◆目的・使命と成果重視のマネジメントの時代

その重要な対応策の1つが，常に「組織の目的（パーパス）・使命（ミッション）は何か」を問いかけ，そこから人と組織に，社会での成果とそこに至る行動をもたらすマネジメントの修得です。

ドラッカーは「社会と経済の健全さはマネジメントの健全さによって左右される」[*3]とします。その健全さとは，成果を通じて社会に貢献できる組織の目的を設定することからスタートします。よい目的が，よい組織，よい政策，よい人材，そして社会でのよい成果を創ります。時代は，成果をあげる手段の探索から，「目的・使命と成果重視のマネジメントの時代」に移行しています。

2 公務員と行政組織にマネジメントが必要な3つの理由

学習のポイント

人と組織の成果不足に対するマネジメントの必要性が高まっています。しかし公務員と行政組織は、自分たちの仕事にそのマネジメントの適用をためらってきました。この姿勢と行動は改めなくてはなりません。

1. マネジメントが必要な3つの理由

「マネジメントは公務員に本当に必要なのでしょうか」といった質問を、研修でいただくことがあります。確かに公務員と行政組織は、マネジメントは民間企業の利益獲得の手段であり、大義（福祉）を担う自分たちの組織には適さないとしてきました。ところが現在では、その大義である公共サービス提供の持続性に疑問がもたれ、原資になる歳入内容は税収減と借金増が定着しつつあります。

ここから、組織に成果をもたらすマネジメントは、民間組織以上に行政組織に必要といった意見が出るようになりました。ここでは、公務員と行政組織にマネジメントが必要とする理由を考えてみましょう。

理由は3つあります（右図参照）。①社会への貢献です。福祉が削られ経済が低迷しています。この打開には、行政組織が成果をあげて正しく貢献できなければなりません。②行政組織自身の再生です。住民・国民生活の安定と発展のために、本来の役割を発揮できる組織になることです。③公務員のマネジメントに関する認識是正です。曲解は是正しなければなりません。これら3つの理由すべてが、地方と国の再生と創生に関係します。

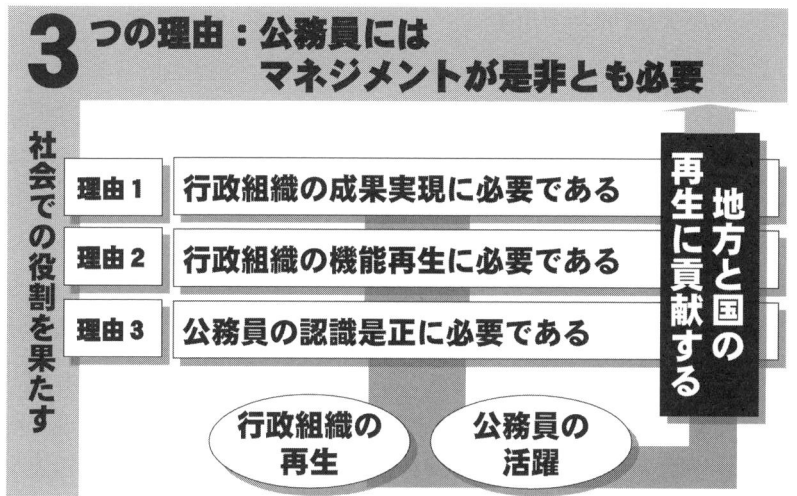

2. 理由1：行政組織の成果実現に必要

　最初の理由は，前節で明らかにした社会への貢献不足です。行政組織の問題は，ムダの多さや効率の悪さではなく成果の欠如です。目的である社会に貢献できる成果が少ないことが，住民・国民の不安を招いています。成果の出せる，住民・国民の幸せに貢献できる本来の組織に変わらなければなりません。

◆行政組織の成果は評価できるものではない

　地方経営は自治体が，国家経営は政府が担当します。しかしその活動は，評価できるような福祉の充実や経済の発展に結びついていません。税収減から財政的には毎年赤字が予測され，その穴埋めは基金の取り崩しや住民・国民からの借金で対応しています。

　歳出は，公債又は借入金以外の歳入を財源とする「財政法」の原則から外れたこの後ろ向きな行動は，変化への対応や気概にみちた自己改革より，既得権を確保する風潮を，組織内と社会全体にふりまいています。行政組織の使命である，持続可能な福祉の実現もそれを支える財政も破綻しかけています。

◆**限られた財源で成果を出す**

　現在の歳入出構造のままでは，現公共サービスを維持する財源が底をつき，増税と強制的な改革に迫られます。すでに欧州のいくつかの国で，この現象が発生しています。その内容は，広範囲な増税，医療費と年金の削減，諸公共サービスの縮小，公的部門の縮減と人件費削減です。国のセーフティネットがほころび，神話の街が30％近い失業率とゴミの街になりました。これは，日本にとっては「すでに起こった未来」です。事実，日本でも増税の決定と，社会保障費と公務員人件費の削減が始まっています。

　行政組織は，到来した知識社会で，成果の出せる組織に変わらなければなりません。現在の行政組織は，福祉に関する専門知識はあるものの，それを社会での成果にする専門知識であるマネジメントが欠落しています。ドラッカーは「社会や企業が機能するには，公的機関が成果をあげなければならない」[*1]とし，マネジメントを「組織の外部において成果をあげるためのもの」[*2]と明言しています。

3. 理由2：行政組織の機能再生に必要

　2つめは，行政組織自身の機能再生です。現在の社会経済低迷の原因に，地方や国家経営を担当する行政組織の成果に関する機能不足があります。公共の福祉を担い，有限の資源で住民・国民に幸せをもたらす行政組織の考え方，仕組み，方法に，福祉の成果を実現するに必要な機能が不足しています。福祉の専門知識が活かされていません。主要要因は3つありこの是正が必要です。

◆**要因1：行政組織に成果をもたらす専門知識がない**

　機能不足の最初の要因は，行政組織には成果産出に関する専門知識が少ないことです。毎年，相当数の公共サービスを提供していますが，その仕事のやり方や方法には，前例的，個人の経験的なものが多く，成果に結びつくノウハウや方法の開発と共有化，改善の方法が不足しています。

たとえば，住民の自発的な自助を誘発する公共サービスの企画・提供には，住民ニーズの把握から成果確認と改善までの活動が必要になります。しかし，そこで威力を発揮するマーケティングの活用が不足しています。また，住民ニーズは常に変化します。新公共サービスの開発・提供が求められます。しかし，それに必要なイノベーションへの関心が希薄です。

結局は前例や担当者個人の手慣れたやり方で，より複雑になった現在の住民ニーズに対応します。これでは，いくら福祉の専門知識があっても，住民が満足する公共サービスの提供にはつながりません。組織に成果をもたらす専門知識とそれに関するノウハウが必要です。

◆要因2：行政活動を統合する仕組みがない

2番目の要因は，行政には横断的で体系的な「プロセス」や「仕組み」が不十分で，活動全体の一貫性と整合性に不足が発生しがちなことです。

たとえば民間組織には，製品開発では開発プログラムといった「開発するプロセス」，製造では製造ラインである「造るプロセス」，そして企画・提供ではマーケティングといった「売れるプロセス」があり，さらにこれらを統合することで，組織の成果として実現する「マネジメントの仕組み」があります。

しかし，行政にはこのプロセスや仕組みの不十分さから，目標・方針の不徹底，公共サービスへの住民ニーズ反映不足，政策相互の調整が欠落するといった，成果を損ねる行政活動になります。政策の多くが細切れになります。

この統合性に欠けた公共サービス提供のやり方では，生活といったトータル的な課題解決に悩む住民ニーズに対応することはできません。政策形成に，価値創造・提供のプロセスやマネジメントの仕組みが必要になります。

◆要因3：行政組織の改革は十分ではない

最後の要因が，行政には，内部変化を拒む保守的な組織の側面があることです。毎年，行政改革を実施していますが，内容は過去の政策の是正である「縮減」や民間手法の導入といったものが多く，住民起点への体質改善をめざす自

己改革的な内容は僅かです。

行政評価では外部評価や事業レビューを実施します。しかし、評価対象数は少なく審議の時間も限られます。政策の多くが現状維持と評価され、行政組織が貢献すべき組織の外の住民の困窮状況とかけ離れます。

環境は常に変化しています。よって不適部分は廃棄し、必要な部分はさらなる充実を行い、不足部分は創造するといった、新しい環境に対応できる組織改革が求められます。しかしこれがなかなか実施されません。

法令や条例に基づき規則通りに仕事をしていると主張しても、組織の外での成果がなければ、その仕事の意義は自己満足だけになります。ドラッカーは「今日ではあらゆる国に、費用ばかりかかり、いかなる成果もあげていない政府活動が無数にある」[*3]と指摘します。

◆社会を良くするために正しく機能する組織に

成果の産出に関する専門知識が不足した、組織活動を統合する仕組みのない、自己改革を嫌う行政組織そのものを、通常に機能するようにすることが、あらゆる仕事の前提になります。正しく機能しない組織に資金を負託して、成果のあがる政策を求めても、資源の浪費と組織の肥大だけになります。良い社会を築くには、正しく機能する組織にすることが先です。

現代は新時代ともいえる知識社会に移行しています。公務員と行政組織は、この新時代にふさわしい機能を身につけなければなりません。その方法の1つが、自らへのマネジメントの適用です。マネジメントとは、知識を活用して組織に成果をもたらす考え方と体系であり、それを具現化する仕組みであり、いくつかの有効な手段です。ドラッカーは、行政組織でのマネジメント適用の成果は大きいと明言しています。

4. 理由3：公務員の認識是正に必要

3つめは公務員の認識是正です。研修で「マネジメントは、民間企業の経営

の手法であり，利益獲得や規模拡大の手段であり行政には適さない」と論じる中堅職員もいます。神学校でもマネジメントを教えるようになった現代では，このような曲解は即座に解かなければなりません。

◆マネジメントは首長にも職員にも不可欠

　組織はそのままではただの人の集まりにすぎません。コストだけが発生します。そこに社会に貢献し共感できる目的と使命を設定し，集合した人々の考え方を1つの方向に結集できるようにします。さらに，役割を決めて人々が協働して行動できるようにすることで，組織内の資源が力強く結合し，組織目的の達成に邁進できるようになります。これがマネジメントの役割です。

　ところが公務員と行政組織の多くは，このマネジメントを民間手法と曲解し，税金の原資になる利益をなぜか嫌い，自らへの適用を怠ってきました。その結果，行政組織はただの人の集まりに近く，税収は減少し，増税と借金でしか大義を維持できない人と組織になりました。このままでは，消費税率は国債の発行と同様に，住民・国民が負担しきれなくなるまで引き上げが続きます。

　ドラッカーは，人と組織は自らの役割を果たすために，マネジメントを必要とするとします。それは，トップ（首長や幹部）だけではなく，各職場で担当業務について様々な決定をしている職員（管理監督者や一般職員）にも必要とします。トップと職員のマネジメントは，担当範囲の広狭はあるが，その内容は何ら変わらないとします。

　トップと職員がマネジメントを実践することで，人と組織は見違えるようになるとさえ語ります。マネジメントは職員すべてに必要なものです。

◆自らと組織を意義あるものにする

　成果不足，機能不全が指摘される行政組織に必要なことは，世界一の借金で支えても疲弊している社会の現実を直視し，自ら組織の本来の役割と能力を再確認することです。そこから，常に「住民起点」に立脚する意義を深く理解し，「最少の費用で最大の福祉」を実現できる組織とその職員に，即座に変わ

ることです。団体自治を担うにはマネジメントが，住民自治を支援するにはマーケティングとイノベーションが有力な手段になります。

しかし，行政組織で働く職員が，自らと組織の力を発揮する方法を知らないのでは，行政組織はただの人の集まりのままであり，意義ある仕事を担うことはできません。住民ニーズに対応できない福祉の専門知識を抱えて，庁内に閉じこもることになります。行政組織とそこで働く職員には，自らの行動を組織の外で有意義なものにするマネジメントの修得が必要です。

⊙3つの理由とマネジメントの関連⊙
地方と国の再生・創生に貢献できる方法論の修得

◆**理解と能力が不足することは上手にはできない**

成果を出せない（理由1），必要な機能が欠落した（理由2），マネジメントを曲解する（理由3）公務員と行政組織では，目的の達成に向けて的確に機能することはありません。

行政組織が，人と組織に成果をもたらすマネジメントに理解不足があれば，組織は定時に集合する人のたまり場になります。マーケティングに無関心とすれば，福祉の専門知識は，住民・国民が納得する公共サービスの提供には，結びつきません。イノベーションを知らないとすれば，新しい価値が伴う公共サービスの創造はありません。意義なき旧式の公共サービスが跋扈します。税金100億円の歳出が，行政組織の外の社会では大幅に目減りします。

公務員はマネジメントの重要性を認識し（理由3），それを導入し修得して初めて（理由2），到来した知識社会での社会課題に関する次世代専門家としての役割を（理由1），組織の外に向けて果たすことができます。

公務員と行政組織は，福祉に関する専門知識の研修や研究会を企画し出席するだけでは，社会で役立つ範囲が狭まります。学習した福祉の専門知識を，社会に向けて役立つようにするには，内外の経営資源を統合し，常に住民起点で

公共サービスの創造と提供を可能にするマネジメントの修得が必要です。

◆ 人を幸せにする社会を実現する具体的な方法論

　ドラッカーは，第一次大戦（5歳：1914年），大恐慌（20歳：1929年），第二次大戦（30歳：1939年）といった，激動する社会に翻弄される人の幸せを考える中で，社会に財とサービスを提供し，人々の暮らしに貢献する「組織」の役割に注目します。

　それは「多くの人が働く組織が，その成果を通じて人が生活する社会に貢献している。組織がうまく機能すれば社会はさらに良くなり，人の幸せ向上につながる。では，組織を適切に動かす方法はあるのか」といった着眼でした。こうしてドラッカーは，マネジメントの発明に着手します。

　ドラッカーのマネジメントは，社会を良くするには組織が，その組織を動かすものがマネジメントであるとした，「人を幸せにする社会」を実現する体系的で具体的な方法論です。それも特別なものではなく，普通の人の地道な取組みで，成果を手にすることを可能にするものです。

◆ 地方と国の再生・創生に貢献する具体的な方法論

　行政組織とそこで働く公務員は，この方法論を修得する必要があります。そのことが，社会での人の幸せ実現に結びつく自らの成果の産出につながります。その集積を通じて破綻間際の地方と国の再生と創生に，力強く貢献することができます。それは，ドラッカーがマネジメントでめざした「人を幸せにする社会」の実現です。公務員と行政組織の使命とも合致します。

　知識社会でもある次世代社会の到来により，マネジメントは，次世代で働く公務員と行政組織が，普通に身につけておくべき方法論になりました。これはマネジメントの必要性を問われた先の研修での質問への回答でもあります。

3 知識社会の次世代公務員は社会で成果をあげる責任がある　責任

◉学習のポイント

マネジメントへの関心の高まりの背景，公務員にとっての必要性を見てきました。これにドラッカーが提唱する「知識社会」における公務員の役割発揮を加味すると，マネジメントの修得は自らの存在に影響することになります。

1. 知識社会の主役は知識労働者である公務員

◆専門知識を有する公務員が活躍する次世代社会

「管理職でもない職員が，組織の成果に責任をもつ必要があるのでしょうか」といった質問を，人事担当者からいただくことがあります。背景3で紹介した「知識社会」の到来が，この質問への回答のキーワードです。

ドラッカーは「ネクスト・ソサエティは知識社会」[*1]とします。それは，土地や資本，労働力に代わって，知識が最大の生産要素になる次世代社会の登場です。様々な行動の際に知識が重要な役割を果たします。多彩な知識が，資源を有効な生産資源に変える知識社会の到来です。

知識社会では，人と組織の活動における中核的な資源は，専門知識になります。知識には，新しい社会を創造する力が与えられ，新しい社会は，専門知識とそれを所有する知識労働者を次世代の主役にして構成されます。この知識労働者には公務員も含まれます。

福祉や「民学産公」の活用に関する専門知識を有する公務員が，活躍する次世代社会がすでに訪れています。それを迎え入れ次世代で活躍できる公務員になる準備が必要です。

1章　マネジメント必要編　マネジメントが公務員と行政組織に必要な背景と成果をもたらす理由

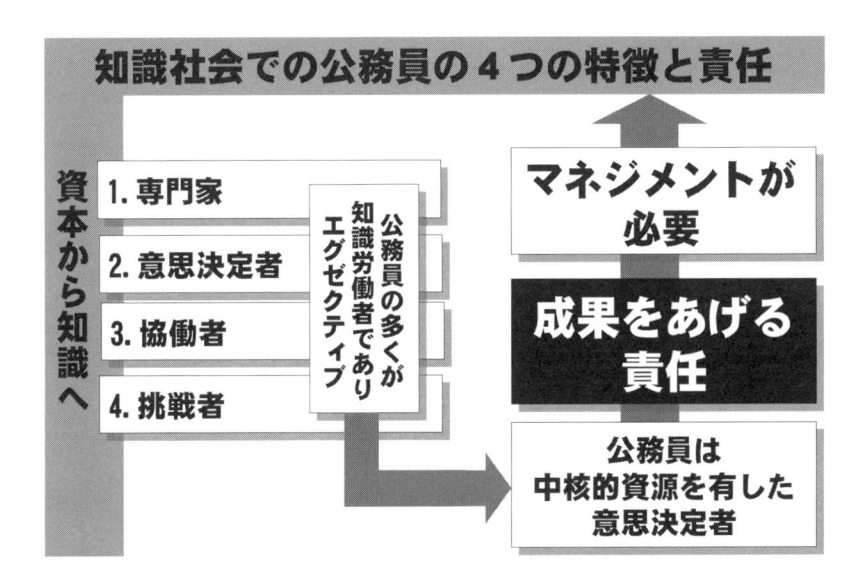

```
┌─────────────────────────────────────────────────┐
│      知識社会での公務員の４つの特徴と責任         │
└─────────────────────────────────────────────────┘
 資本  1. 専門家    公務 知識                 ↑
 か                  員の 労働           マネジメントが
 ら    2. 意思決定者 多く 者で             必要
 知                  が   あり
 識    3. 協働者          エグ          成果をあげる
 へ                       ゼク              責任
       4. 挑戦者          ティブ
                                          公務員は
                                       中核的資源を有した
                                          意思決定者
```

◆知識労働者としての公務員の役割

　知識は働く人の頭の中にあり，働く人が所有し，働く人とともに移動します。ドラッカーは，こうした専門知識を所有した流動性に富んだ労働者を，知識社会を担う「知識労働者」と命名しました。頭の中の知識を用いて仕事を行い，成果に責任をもち，知識社会では主役の座に位置する人です。

　知識労働者としては，医師や弁護士とともに，公務員の多くも福祉と自治の専門家であり知識労働者になります。たとえば，地域を熟知していなければ，地域の安心安全は保てません。高度な法務知識がなければ，法令や条例を使いこなすことはできません。知識社会では，専門知識のあり方が，成果の実現に重要な役割を果たします。

　多様・複雑・高度化する社会経済の課題を解決できるのは，担当分野では組織最上の専門知識をもつ知識労働者としての個々の職員です。職員同士の協働が，社会経済の課題解決に貢献する力になります。

◆知識労働者の4つの特徴

　ドラッカーは，この知識労働者の特徴を複数の著書で説明しています。整理すると下記の4つの特徴になります（前ページの図参照）。知識社会で主役の役割を果たす次世代公務員の特徴でもあります。
　①中核的で流動的な資本である知識をもった専門家である。
　②担当分野では最上の専門知識をもつ自立性の高い意思決定者である。
　③他との結合と組織の存在を必要とする協働者である。
　④成果を動機づけとする挑戦者である。
　知識労働者は，他との結合が必要な中核的な資源である知識を所有する専門家です。それは，成果に責任をもつ意思決定者であり，他の人や組織とは互いに高めあう協働者です。さらに成果の達成を動機づけとして，社会への貢献と自己実現を可能にする挑戦者でもあります。知識労働者は，到来した知識社会で，成果に向けて主導的な役割を果たす責務があります。
　この頭の中の知識を使う知識労働者の仕事は，外からその働きを判断をすることが困難です。これに主導的な役割を果たす責務を重ねると，知識労働者の成果に向けた役割には，自分で考え行動し成果を出す自己マネジメントが不可欠になります。知識労働者とマネジメントは一体になります。

2. 公務員はエグゼクティブとして成果に責任がある

◆エグゼクティブの対象と仕事の内容

　ドラッカーは，知識労働者の役割を「エグゼクティブ」として説明します。これは，人の上に立つといった意味ではありません。「地位やその知識のゆえに，組織全体の活動や業績に対して，重要な影響力をもつ意思決定を行う経営管理者や専門家などの知識労働者」[*2]を意味します。一般的にリーダーと呼ばれる幹部や管理職を意味しているのではありません。
　エグゼクティブとしての知識労働者は，組織全体の成果をあげるために，職場で自ら意思決定をして行動する職員です。たとえば，現場の担当者なら，担

当の事業継続の可否を決めることで、チームリーダーならば、重点プロジェクトの続行か中止かを決めることで、福祉部門の経営責任者ならば、どの政策に資源を配分するかを決めることで、それぞれ組織としての意思決定を行います。そこには、組織の将来を左右する決定もあります。

このような職員の意思決定は、普通の行政組織であれば、すべての階層で行われています。公務員は、知識という成果に結びつく中核的な生産手段を有し、仕事のやり方は自分で決められます。公務員の決定は、選挙で選ばれた首長の決定と、成果の産出といった点では本質的な違いはありません。

まさに公務員の多くは、現在の管理者と一般職員も含めて、組織成果達成のために、自分の意思で決定し行動できる知識労働者であり、組織の成果に責任のあるエグゼクティブです。行政組織内の多くの人たちは、意思決定の範囲は限られますが、トップと同じように、成果をあげる責任をもちます。冒頭の質問の回答は、「職員は組織の成果に責任をもちます」になります。

◆エグゼクティブとしての公務員の責任と方法論

ドラッカーは、「現代社会が機能し、成果をあげ、生き残れるかどうかは、組織に働くエグゼクティブが成果をあげられるかどうかにかかる。それは、同時に本人の自己実現の前提である」[*3]とします。

到来した知識社会で主役に位置し、組織の成果に責任があるエグゼクティブとしての公務員には、組織の外で成果を産出する方法論が必要になります。それがマネジメントです。

ドラッカーは「マネジメントとは、専門的な知識を他との協働によって有効なものとするための方法である」[*4]とします。マネジメントの修得は、知識の時代で働く次世代公務員すべてにとっての「存在」にかかわるものになります。

4 次世代公務員と行政組織はマネジメントができる　可能

◯学習のポイント◯

　公務員と行政組織は，社会のためにも，自らの存続のためにも，新時代の知識労働者としても，社会の課題を解決し社会に成果を産出しなければなりません。両者はマネジメントが得意でなければなりません。

1. 公務員・行政組織とマネジメントの関係

◆公務員はマネジメントを活用していないだけ

　「商売をしたことがない公務員の私たちが，マネジメントを実践することは可能でしょうか」といった質問を，コンサルティングでいただくことがあります。回答は「もちろん可能です」となります。

　マネジメントは，民間，行政組織を問わず，人と組織に成果をもたらす体系です。ドラッカーは，「行政組織が民間組織と違うところは，本業としての政策の部分だけである。生産的な仕事を通じて人に成果をあげさせることや，社会的責任に関しても異なるところは何もない」[1]とします。

　事実，行政組織内には，マネジメントに関連する手段や用語が氾濫しています。不足しているのは，採用したそれら手段を，成果に結びつくように考え，組み立て，活用する取組みです。

　公務員と行政組織は，マネジメントは「利益獲得の手段」といった間違った認識から，マネジメントの活用を「民間手法の導入」といった範囲に限定してしまいました。この結果，マネジメントを自らに成果をもたらす考え方，体系，仕組みとして活用することが疎かになりました。

◆地方政府と中央政府に必要なこと

　現代では，社会経済に関する課題の多くが，無数の組織にゆだねられています。これら組織のなかで，地域で最大手の組織は地方公務員が働く地方政府です。日本最大の組織は国家公務員が働く中央政府です。

　社会経済においてこの2つの行政組織の役割は強大です。その仕事ぶりと成果のあり方は，2つの組織自体の存在を左右します。同時に，地方や日本全体の社会経済の安定と発展に決定的な影響を与えます。しかし4つの背景と3つの理由で説明したように，この2つの組織の成果は評価できるものではありません。成果不足に対する認識も十分ではありません。

　ドラッカーは，この成果と認識不足の組織に必要なものは，より優れた人材ではなく，マネジメントを体系的に修得し組織に成果をもたらすことができる人材だとします。公務員にとってのマネジメントの実践は，まず認識を改めて修得への行動を起こすことです。それが実践力蓄積のスタートになります。修得の対象になるマネジメントは，その基本的な考え方，体系，幾つかの手段がすでに準備されています。

2. 民間人が公務員より上手くやれるわけではない

◆公務員と行政組織はマネジメントが可能である

　ドラッカーは，ようやく今日，公務員と行政組織自身がマネジメント志向になってきたと評価します。しかし，「自分たちが行うべきマネジメントを行っていないということに，気づいた段階にすぎない」[*2]ともつけ加えます。

　確かに現時点では，マネジメントに関する誤解や流行の民間手法の導入をマネジメントと勘違いして，マネジメントで成果をあげている行政組織は，少ないことも事実です。

　それでも，一部の次世代自治体のマネジメントによる成功事例の存在は，公務員と行政組織が，正しい認識と決定でマネジメントに取り組むことで，地域社会に貢献できる成果をあげることが可能であることを示します。

◆マネジメントとは普通の人が活用できるもの

　ドラッカーは,「企業の人間が公的組織のマネジメントに任命されたとき,公務員よりもうまくやれるわけではない」[*3]。すると与えられた選択肢は,「公的組織が成果をあげるための方法を学ぶことにほかならない」[*4]とします。

　公務員はマネジメントを学習して,知識労働者としての役割発揮が求められます。行政組織はマネジメントを導入して,職員を結合する役割発揮が求められます。それが社会の「成果」に結びつきます（下図参照）。

　幸いなことにドラッカーは,マネジメントを普通の人が修得できるようにし,その普通の人によるマネジメントで,人と組織が役割を果たせるように発明しています。質問への回答のように,マネジメントは修得が可能で実践的なものです。さあ,知識社会の次世代公務員と行政組織が成果をあげる唯一の方法であるマネジメントを修得しましょう。

知識社会で公務員と行政組織が成果をあげる唯一の方法

公務員にはマネジメントが必要
公務員はマネジメントを活用して知識労働者の役割を発揮し成果に責任をもつ。
決定者としての役割

行政組織にはマネジメントが必要
行政組織はマネジメントを活用して職員を結合する役割を発揮し成果に責任をもつ。
職員結合の役割

→ 成果 ←

公務員と行政組織はマネジメントができる

1章　マネジメント必要編　マネジメントが公務員と行政組織に必要な背景と成果をもたらす理由

2章 マネジメント基本編

組織を通じて成果を実現するマネジメントの基本手順と内容

M市のマネジメント改革　（2）基礎構築

係長：マネジメントの『基本と原則』を業務に則して手順化しました。

（マネジメント導入検討会3：[総合企画部]）

◆マネジメントの必要性から活用段階へ

部　長：皆さんの活躍で，マネジメントの必要性に関する認識は高まってきました。次はその活用です。幹部も含めた全職員に，業務の仕組みと関連したマネジメントの活用方法を提示したいと思います。

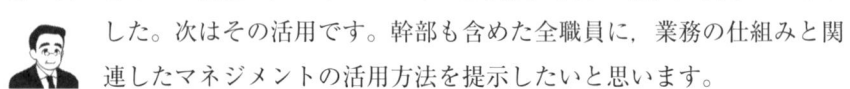

主　査：業務への適用では，マネジメントの定義と役割，姿勢，成果といった基本事項に関する共通の理解が重要です。ドラッカーは，基本と原則に反することは破綻するとします。当たり前のことを当然のように実施することが，成功の鍵であることを強調しています。

課　長：このマネジメントの業務への活用方法については，係長が職員と協働して原案を策定しています。マネジメント実践の中心部分です。係長，説明をお願いします。

係　長：では私の方から説明いたします。内容はドラッカーの複数の著書を，職員と分担し精読してまとめたものです。ドラッカーは，マネジメントを組織が成果をあげる場合でも，個人が業務で成果をあげる場合でも適用可能とします。そのマネジメントを，リーダーの役割を担う職員の業務に則して手順化しました。

◆係長のプレゼンテーション要旨（P.40の図解参照）

基本思考（1～3）

図解の「基本手順」は，ドラッカーのマネジメント諸説から，考え方，目的，人，成果といった組織作りの手順にあわせて，必要な「基本と原則」を選択し体系的に手順化した。これでマネジメントの組織への適用を考える。

最初の3項目を「基本思考」とした。マネジメント活動全体に関係する部分である。「1.マネジメントの定義と3つの役割」を念頭に，組織における経営の仕組みづくりを想定しながら，「2.マネジメントに必要な4つの姿勢」と「3.マネジメントが求める3つの成果」を理解する。

目的に関する主要業務（4〜9）

「4.リーダーの3つの要件」で，職員がリーダーを担う際の要件を確認する。マネジメントの対象になる「5.組織の3つの特性」で，マネジメントが実現すべき組織の特性を理解する。その後，組織活動すべての基点になる「6.行政組織の使命」を検討し，継続的な住民満足実現の必要性を明らかにする「7.行政組織の目的」，その具現化を担う組織の成果に直結する「8.基本機能のマーケティングとイノベーション」，経営資源の適切な組み合わせで対応する「9.生産性向上」のプロセスを学習する。

この考え方と理解に基づいて，政策形成における戦略的な取組み（3章の内容）とそれを具現化するマーケティング戦略とイノベーション戦略（4章の内容）の検討を行う。

人に関する主要業務（10〜13）

目的の実現には人が重要になる。職員に成果をもたらす「10.強みの発揮」，職員から最高の仕事を引き出す「11.動機づけの条件」，職員の卓越性を発揮させる「12.行動規範」は，職員を有力な資源にする。「13.組織設計の7つの要件」で現状組織を点検し，働きやすい成果のあがる組織を編成する。

以上の体制のもとで個人のマネジメント（5章の内容）を実践する。リーダーの役割を担う職員は組織全体の成果を，それ以外の職員は個人としての成果の発揮をマネジメントで可能にする。

成果に関する主要業務（14〜16）

環境は常に変化する。上記の取組みすべてに「14.体系的廃棄」を試み，現政策，現資源での総成果の増大を常に志向する。「15.社会的責任」は，社会における行政組織としての「範」の明示である。最後の「16.成果」では，大義と財政・経済性の両立をめざす。

係長が作成した「図解：マネジメントの体系と手順」

リーダーの役割を担う人が組織にマネジメントを適用する場合の基本手順

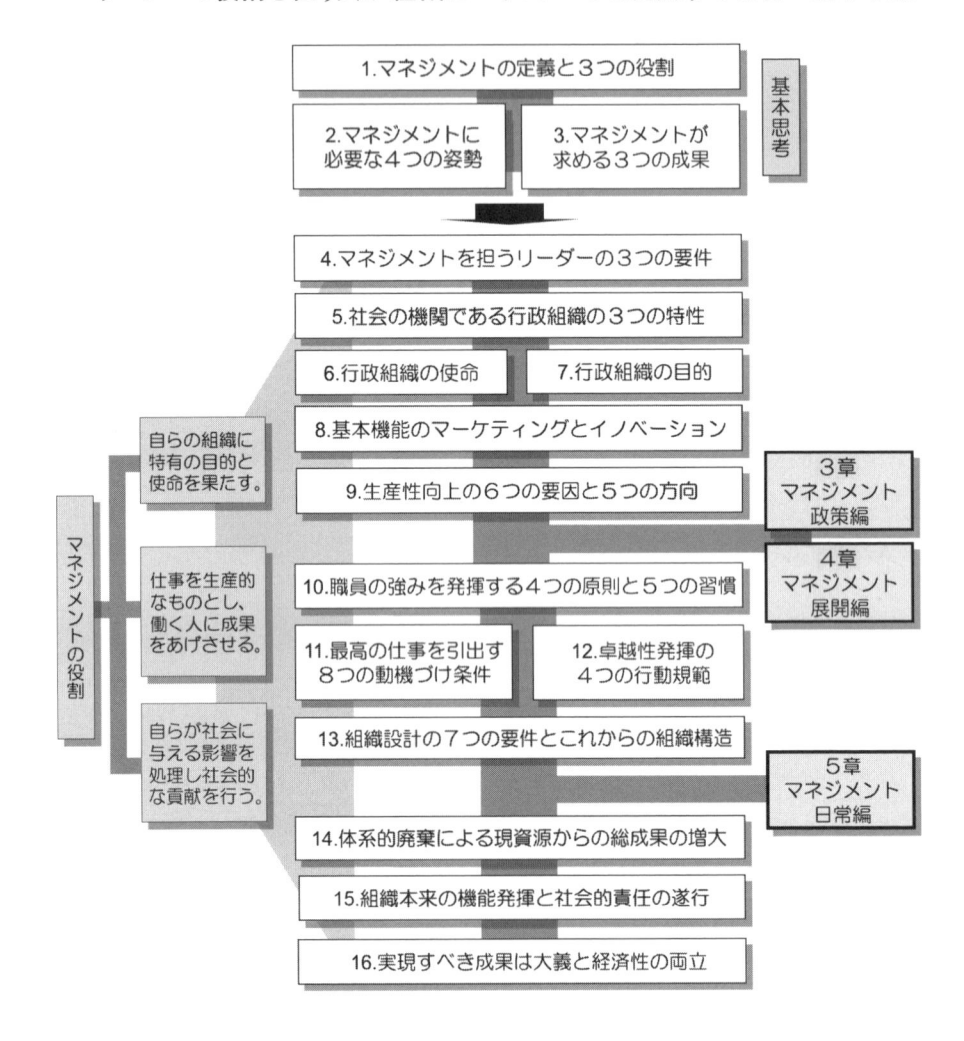

基本思考
1. マネジメントの定義と3つの役割
2. マネジメントに必要な4つの姿勢
3. マネジメントが求める3つの成果

4. マネジメントを担うリーダーの3つの要件
5. 社会の機関である行政組織の3つの特性
6. 行政組織の使命
7. 行政組織の目的
8. 基本機能のマーケティングとイノベーション

マネジメントの役割

自らの組織に特有の目的と使命を果たす。

9. 生産性向上の6つの要因と5つの方向 — 3章 マネジメント政策編

仕事を生産的なものとし、働く人に成果をあげさせる。

10. 職員の強みを発揮する4つの原則と5つの習慣 — 4章 マネジメント展開編
11. 最高の仕事を引出す8つの動機づけ条件
12. 卓越性発揮の4つの行動規範

自らが社会に与える影響を処理し社会的な貢献を行う。

13. 組織設計の7つの要件とこれからの組織構造 — 5章 マネジメント日常編
14. 体系的廃棄による現資源からの総成果の増大
15. 組織本来の機能発揮と社会的責任の遂行
16. 実現すべき成果は大義と経済性の両立

2章 マネジメント基本編 組織を通じて成果を実現するマネジメントの基本手順と内容

主査：これは素晴らしい。マネジメントの基本を理解できます。

◆素晴らしい，これで業務にマネジメントが適用できる

主　査：これは素晴らしいまとめです。幹部や管理職はもちろんのこと，職員がリーダー的な役割を担った場合の，マネジメントの適用に関するわかりやすい図解です。これまで我々が曖昧にして実行していた，政策立案や人材活用へのマネジメント適用の手順とその基本内容が，よく理解できます。これからの我々のマネジメントスタイルです。

課　長：主査の言う通りです。マネジメントと使命の遂行，人の活用，成果の実現の関係が理解できます。現在，行政改革で取り組んでいる経営の仕組み作りに適用することで，仕組みの目的や内容をより深く理解することができます。たとえば，政策形成にマーケティングが適用できれば，住民ニーズ対応の可能性が増大します。イノベーションが実践できれば，既存資源からより大きな住民価値を創造できます。

◆政策策定，組織づくり，人材育成，職員の日常活動で活用できる

主　査：係長が基本思考としてまとめた（1〜3）の事項は，他のマネジメント項目の基盤になるものです。マネジメントの定義やしっかりとした取組み姿勢があってこそ，状況に応じた，それでいて目的に則した一貫性のある判断や行動が可能になります。また，「4.リーダーの3つの要件」も，我々が考えていたこれまでのリーダー像とは異なるものです。改めなければなりません。

主　任：社会における組織活動の目的を表明する「6.行政組織の使命」，「7.行政組織の目的」を顧客の創造（行政では住民の創造）とする考え方，その実現に必要な「8.基本機能のマーケティングとイノベーション」は，組織の成果に直接的な影響を与えます。しかし，市としては組織的な取組みが不足している分野です。

主　査：「9.生産性向上」の考え方も参考になります。我々は前例踏襲的体質

から，現状のサービスを所与として投入コストを問題にします。すると改善方向は投入コストの削減になります。ドラッカーは，投入コストの成果を問題にします。改善方向は価値の増大で，マーケティングによる住民真意の把握，イノベーションによる新方法の採用になります。継続的な改善で年々公共サービスの価値があがり，投入コストに対する成果が向上します。

係　長：ここまでのマネジメントの基本が理解できれば，政策形成にマネジメントを適用する戦略方向の設定（3章）やそれに基づいた住民創造に直接機能するマーケティング戦略・イノベーション戦略の検討（4章）が可能になります。政策形成が戦略的なものになります。

主　任：政策の策定や実施には人材が必要です。ドラッカーが諸説で強調する「10.職員の強み」を見い出し，「11.動機づけ条件」を整備し，成果に関する情報をフィードバックすることで，職員の自己マネジメントが可能になります。さらに「12.行動規範」で，成果をもたらす組織文化を醸成し，「13.組織設計」でめざすべき責任型組織を構想します。ドラッカーのマネジメントは，政策策定，組織づくり，人材育成，職員の日常活動で活用できます。組織と人が成果をもたらします。

課　長：最後の「14.体系的廃棄」「15.社会的責任」「16.成果」は，浪費・肥大傾向，信頼低下，成果不足が我々の現実であることから，改革が必要な領域です。陳腐化したものの廃棄，専門家としての倫理，福祉と経済性の両立は，これからの大きな課題です。

職員：知識社会では職員は自らをマネジメントすることが必要です。

◆次世代公務員の能力発揮に不可欠

係　長：今回，「マネジメント基本手順」をまとめてみて，マネジメントと組織活動の関連が把握できました。知識社会は，知識労働者である職員の誰もが，目線を住民に集中し，その専門知識を活かして，成果に責

任をもつリーダー的役割を果たす時代です。マネジメントは，新時代の知識社会を担う次世代職員すべてに必要で，関係者の能力を活かし組織の成果に貢献します。

職　員：係長の説明にもあったように，ドラッカーは，マネジメントは，組織の能力発揮とともに知識社会の知識労働者としての職員個人の能力発揮にも有効と指摘しています。普通の職員が，自らをマネジメントしなければならないとします（5章）。特に自分の強みを把握し，それを最大限に活用することが大切とします。この「自己マネジメント」といった指摘も新しい発見でした。

主　査：自己マネジメントに関する指摘は重要です。我々中堅職員は，業務に関する専門知識には詳しいものの，その知識を住民ニーズにあわせて，成果に結びつけるやり方については，ほとんど学習をしていません。マネジメントは，自己の能力から社会に役立つ最高のものを引き出すものとするドラッカーの指摘にハッとさせられました。マネジメントの基本は早い時期に学習すべきです。

部　長：係長と職員のまとめで，ドラッカーの考え方と体系は，組織活動の実践的な行動指針（基本と原則）として活用できることが明確になりました。また，主任が指摘したマーケティングとイノベーションへの取組みは，当市の成長戦略の成功には不可欠です。さらに，当市の魅力のあるマネジメント像も明瞭になってきました。これらの内容を，行政経営アドバイザーの協力を得ながらさらに充実させ，研修で学習し実践で活用できるようにしましょう。職員個人へのマネジメント適用はその後に検討しましょう（5章参照）。

　この後，経営企画部は，各部の行政改革推進担当と協働して，マネジメント導入活動を，「マネジメントの必要性」から「組織活動への適用」の段階に引き上げ，マネジメント研修（内容例はP.222参照）の応用編の実施や現場への適用を実行しました。

1 マネジメントの定義と3つの役割

定義

◎ 学習のポイント ◎

ドラッカーは，マネジメントは「ものの考え方」*1 だとします。その中心にあるのがマネジメントの定義です。新時代を担う次世代公務員のマネジメント修得は，定義の理解から始まります。

1. マネジメントに関する理解の混乱

◆マネジメントではない4つのこと

マネジメントを日本語で表現すると「経営」になります。最近では企業経営だけではなく，行政経営，病院経営，学校経営，組合経営，NPO経営と適用範囲が拡大しています。

それでも行政組織で働く人は必要性で述べたように，経営は民間中心のものだと考えてしまいます。また行政組織に経営が必要だと感じている人も，それは首長や幹部の仕事としがちです。さらにマネジメントを「管理」と理解し，組織目標の達成のために上司が部下に指示・命令をして，行動を一定の範囲で統制する権力と考える人もいます。これらすべてがマネジメント（経営）に対する間違った理解と行動です（右図参照）。

最近では，行政組織も社会の組織としては同じである。行政組織の長期停滞と歴代の「成長戦略」が失速する原因の1つは，行政組織が組織的な業務遂行の方法として，マネジメントを活用していないことが要因では，といった意見が次第に増えつつあります。マネジメントを理解し，行動に結びつけることが重要になっています。

2章 マネジメント基本編 組織を通じて成果を実現するマネジメントの基本手順と内容

マネジメントではない4つのこと

認識を正す

- 民間の手法のことではない
- トップのことだけではない
- 部下の管理のことではない
- 権力のことではない

◆マネジメントは行政組織と働く人すべてに必要

　民間企業では，同じ業界での経営資源の入手条件はほぼ同じことから，企業によって顧客の評価や成果に違いが出るのは，このマネジメントの影響が大きいと考えます。明瞭な例はスポーツ分野で見られます。選手は同じでも監督が代わることで，チーム成績が変わります。成果不足の場合は，最初に経営者や監督の責任が問われます。

　行政組織ではどうでしょうか。行政組織は，企業以上に全国同じ法令や類似の条例，同水準の人材で仕事をしています。ここから行政組織の活動や成果には，違いは出ないとする意見があります。しかし，地域社会の状況や行政組織への住民評価にはやはり違いがあります。その違いが，地域住民の生活や地域の活力に影響を与えています。

　このように，行政組織とそこで働く公務員は，マネジメントとは深いつながりがあります。それを正しく理解して身につけ，実際の職場に適用することで成果をあげて，社会により大きな貢献をすることが可能になります。

　マネジメントは，行政組織で働き，地方経営や国家経営を担う公務員すべてにとって必要なものです。行政組織と公務員が適切に機能しなければ，地方と日本全体の安定と発展はより一層難しくなります。

2. マネジメントの定義と３つの役割

◆マネジメントの定義

　ドラッカーは，マネジメントの定義について多様な表現で解説しています。その中で，一番明解な定義は次の２つです。

> ・「マネジメントは組織をして成果をあげさせるための道具，機能，機関である」[*2]
> ・「組織に成果をあげさせるものがマネジメントでありマネジャーの力である」[*3]

　組織すべてが社会の機関です。組織が存在するには，その活動を通じて社会に貢献しなければなりません。貢献には成果が必要になります。マネジメントは，その組織に成果をあげさせ，社会に貢献できるようにする考え方と体系，仕組みとその働き，いくつかの手法のことです。

　社会に存在するあらゆる組織にマネジメントが必要になります。マネジメントがなければ組織はなく，マネジメントは組織の存在と成果を左右する組織の機関です。その評価は成果で決まります。組織が成果をあげなければ，そこで働く人の活躍と自己実現を可能にする場，貢献すべき対象である社会の進歩も失われます。

　組織に関わる人すべてがマネジメントを身につけ，成果の実現に向けて行動します。ここから上の定義にあるマネジャーとは，管理職の意味ではなく，組織の成果に貢献する人すべてを意味します。

　ドラッカーは，自立した組織が意義ある成果をあげることは，人が幸せに生活できる自由で豊かな社会の実現には不可欠とします。人々を社会の混乱や困窮，疲弊から守る唯一の手立てとします。特に社会的な諸制度や政策の多くが機能不全に陥っている日本では，組織に成果をもたらすマネジメントは，「命運を決する鍵」[*4]になるとします。

◆マネジメントの定義
組織に成果をあげさせるものがマネジメントでありマネジャーの力である

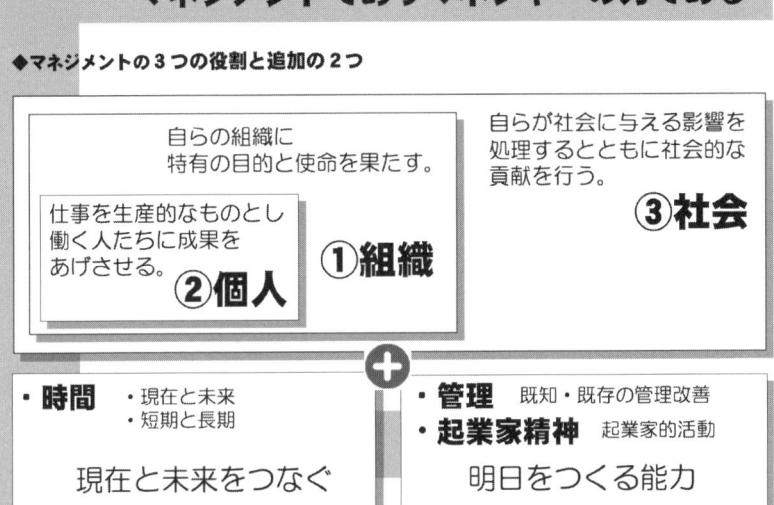

◆マネジメントの3つの役割と追加の2つ

- ①組織：自らの組織に特有の目的と使命を果たす。
- ②個人：仕事を生産的なものとし働く人たちに成果をあげさせる。
- ③社会：自らが社会に与える影響を処理するとともに社会的な貢献を行う。

＋

- ・時間　・現在と未来　・短期と長期　　現在と未来をつなぐ
- ・管理　既知・既存の管理改善
- ・起業家精神　起業家的活動　　明日をつくる能力

◆マネジメントの3つの役割（上図参照）

　現代では，社会に必要な財とサービスの多くが組織から提供され，多くの人がその組織で働いています。「社会での人の幸せ」や「組織での人の幸せ」は，組織に成果をもたらすマネジメントのあり方に影響されます。マネジメントには，組織を社会に貢献させるうえで以下の3つの役割[*5]があります。

（1）自らの組織に特有の目的と使命を果たす役割。

　マネジメントには，各組織が特有の目的と使命，社会的な機能を果たすようにする役割があります。特有の目的とは，社会が評価する，その組織しかできない，住民が満足することです。それは病院であれば，病気の人を妥当な医療費で治療し健康にすることです。行政であれば，社会で生活する住民が必要として欲する公共サービスを，住民が納得して支払う税金で提供することです。組織活動のすべてを，特有の目的と使命に基づいて行い，社会に貢献できる成果を産出します。

(2) 仕事を生産的なものとし，働く人たちに成果をあげさせる役割。

　マネジメントには，組織が上記（1）の目的と使命を達成できるように，仕事を生産的なものにし，働く人が成果をあげられる環境を整備する役割があります。仕事を「仕事の論理」で編成し生産的にします。人を「人の論理」によって仕事に活かし成果があがるようにします。マネジメントを担う人は，2つの論理のバランスをとりながら，働く人が生き生きと成果をあげることができるようにします。

　働く人にとって組織は，仕事で能力を発揮して生計の糧，社会的な絆，自己実現を図る手段です。マネジメントには，仕事を通じて組織で働く人の社会での幸せと，仕事での喜びを可能にする重要な役割があります。

(3) 自らが社会に与える影響を処理するとともに，社会的な貢献を行う役割。

　マネジメントには，組織が社会に与える影響を処理するとともに，強みを活用して社会の課題解決に積極的に貢献できるようにする役割があります。ドラッカーは，組織は政策に優れているだけではなく，「社会の存在として優れていなければならない」[*6]とします。

　マネジメントを行うとは，以上の3つの役割を果たすことで組織に成果をもたらし，社会における組織の存在を確かなものにすることです。

2. 追加の2つの役割

　ドラッカーは先の3つの役割に加えて，「時間」と「管理と起業家精神」の2つを役割として追加します[*7]（前ページの図参照）。

　前者の「時間」は，現在と未来，短期と長期をバランスさせることです。成果が顕在化するまでに，かなりの時間が必要な行政組織には，特に留意すべきことです。現在の犠牲を前提とする未来の構想には意義が少なく，短期の成果のために長期的な成果を犠牲にすることは，責任の放棄になります。現在と未来，短期と長期はつながっています。マネジメントは両立を追求します。

　後者の「管理と起業家精神」とは，既存のものは改善し，同時に新規の政策

も手がける起業家的な行動の必要性です。最初の「管理」とは，成果のあがる政策への集中と，その政策の可能性をすべて引き出すことです。現在の成果です。後の「起業家精神」は，新規政策の創造といった「起業家的」な行動であり，この中心がイノベーションです。未来の成果です。変化する環境に対応し常に成果を出せる能力を組織にもたせることが，マネジメントの役割です。

組織特有の目的と使命を果たす，仕事を通じて職員を活かす，社会に及ぼす影響に対処し社会に貢献する，これら取組みのすべてを，今日と明日，既存政策と新規政策とのバランスのもとで統合し，責任をもって継続的に成果を産出すことが，マネジメントの役割になります。

行政組織の役割は，地方自治法に「住民の福祉の増進を図ることを基本として，地域における行政を自主的，総合的に実施する役割を広く担う」と明記されています。この役割遂行には，地域に貢献できる成果が必要です。

■■■実践に向けての職員の視点■■■

課　長：【認識の是正】マネジメントは，企業のこと，トップのためといった認識は是正する。社会の機関である組織がなすべき基本は，行政組織でも変わらない。問題なのは住民が困窮している，職員のモチベーションが高くない，不祥事がなくならないことである。

係　長：【職員すべてに必要】マネジメントは，首長，部を所管する幹部，課を所管する管理職，係やチームを所管する係長と主査，事業を担う主任と職員すべてに必要である。次世代公務員の条件である。

部　長：【自らの存在を確固に】ドラッカーは，組織は自らではなく社会のためにあり，財とサービスの提供を通じて人を幸せにするために存在しているとする。我々も，マネジメントで，行政組織の使命を遂行して「住民の幸せ」に，働く人を活かして「職員の幸せ」に，社会的責任に挑むことで「社会のより大きな期待」に応え，自らの存在を確固としたものにする。

2 マネジメントに必要な4つの姿勢

姿勢

学習のポイント

ドラッカーは，マネジメントを活用してより大きな成果をあげるには，その人の考え方や日頃の取組み姿勢が重要になるとします。その基盤になるものが「真摯さ」です。それは4つの姿勢を通じて行動に具現化します。

姿勢1：【模範】範となる

◆唯一の資質は真摯さ

リーダー的資質などは存在しないと明言するドラッカーが，リーダーやマネジメントを担う人が持つべき唯一の資質としてあげるのが真摯さです。これは，自ずから身につけているべき絶対的な資質です。マネジメントに求められる4つの姿勢の基盤になります。

真摯さとは「integrity」という英語で，誠実，一貫，清廉，道義，律儀といった意味があります。要約すると，自分の内なるものを起点とした「見返りを求めない清廉で誠実な一貫した姿勢と行動」といった内容です。

ドラッカーは著書の多くで，優秀さだけのリーダーでは，組織や人に悪影響を及ぼす危険が大きいとします。そして成果をあげるマネジメントの前提に，真摯さを位置づけます。

それは模範，責任，倫理，貢献の4つの姿勢で具現化されます（右図参照）。これなしではマネジメントは機能せず，組織は成果を失います。地域で1つしかない行政組織の真摯さのあり方は，地域とそこで生活する住民にとっては切実なことです。

4つの姿勢

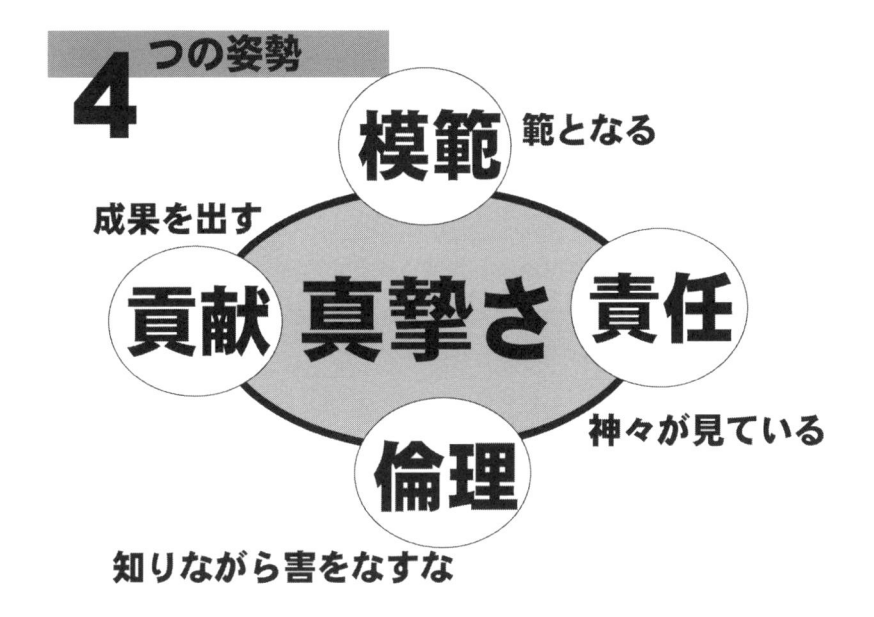

- 模範 — 範となる
- 貢献 — 成果を出す
- 真摯さ
- 責任 — 神々が見ている
- 倫理 — 知りながら害をなすな

◆範となる

　最初の姿勢は「模範」です。リーダーの存在や活躍も，範となる信念や言動によって周囲に認められることで発揮されます。組織でリーダーの役割を担う人は，あるべき組織や行動を象徴する存在です。共に働く人たちの範となることが求められます。リーダーとは範たるべき人です。

　同様に社会のリーダー的役割を担う人にも，社会を構成する人たちの範となることが求められます。多様な主体が協働によって関わる「新しい公共」で，地域社会を活力あるものにする行政組織で働く人たちは，範と評価されるように常に努力しなければなりません。大義を担う前提です。

　範となる真摯さを欠いては，リーダー本来の役割が果たせなくなります。人と組織の活動意欲を引き下げ，組織を壊し，成果を失い，社会に悪影響をもたらします。範は委譲することができません。範となることができない人は，賢くて人気があっても，リーダーの役割を担うべきではありません。

姿勢2：【責任】神々が見ている

◆自分は知っており，関係者，住民は見ている

2つめは「責任」です。引き受けた仕事において手を抜かない完璧さの追求です。人は誰も見ていない場合は，面倒な部分はつい手を抜きがちです。ドラッカーは次の古代の事例[*1]を示して諫めます。

ギリシャの彫刻家フェイディアスは，屋根に建つ彫像群を制作し代金を請求しました。すると会計官は「彫像の背中は見えない。その彫刻部分には払えない」と通告してきました。するとフェイディアスは「そんなことはない。神々が見ている」と答えました。

ドラッカーは，この「神々が見ている」ことを念頭に，常に誇りと責任をもって仕事に取り組み，仕事で手を抜くことのない姿勢が，成果をもたらすマネジメントには必要とします。

仕事の内容は自分が一番よく知っています。他人もどこかで見ています。住民もいつかは気がつきます。事実，リーダーが手を抜く姿勢や行動は，周りの関係者がすぐに感じとります。すると組織内にいい加減さが蔓延し，現場を見ないで策定した施策，タイトルだけを書き換えた昔の事業が横行し，後手，前例，先送り体質が噴出します。組織は成果をあげる意欲と機能を失います。

◆自分から最高のものを引き出す責任

大事なことは責任です。各自が担当する仕事の目標と内容は，本人が責任をもって引き受け，自らの総力を傾けて成果を実現することです。ドラッカーは「自らを成果をあげる存在にできるのは，自らだけである。果たすべき責任は，自らの最高のものを引き出すことである。責任ある存在になるということは，自らの総力を発揮することを決心することである」[*2]とします。

この自分の仕事に責任をもつ真剣な姿勢が信頼の獲得と協働を可能にし，職員の胸にある奉仕という高い志と組織の成果を持続的なものにします。

姿勢3：【倫理】知りながら害をなすな

◆プロフェッショナルとしての約束

3つめが「倫理」であり「知りながら害をなすな」です。公務員は，仕事の内容から社会でのリーダー的な立場にあります。その使命は社会の安定と発展の実現です。この使命達成に不可欠なのが，社会の主役である住民からの信頼と公務員としての専門知識，それに基づくお互いの積極的な協働的行動です。

ドラッカーはそこでリーダーに要求されることを，古代ギリシャの哲人で医学者のヒポクラテスが教えた医師のための誓い，「知りながら害をなすな」を紹介して，次のように説明します。

「医師，弁護士，組織のマネジメントのいずれであろうと，顧客に対し，必ずよい結果をもたらすと保証することはできない。最善を尽くすことしかできない。しかし，知りながら害をなすことはしないとの約束は，しなければならない。顧客となる者は，プロたる者は知りながら害をなすことはないと信じなければならない。これを信じられなければ何も信じられない」[*3]とします。

◆公務員と行政組織は信じられるか

行政組織は，住民や国民の負託を受けた，地域や国の安定と発展を担う専門組織です。住民の支持と協働のもとで機能する組織です。つまり，行政組織は住民によって認められ，負託され，そして信頼されて初めて，福祉的な成果をあげる役割を遂行できます。

この前提として，住民から「公務員と行政組織は知りながら害をなすことはない」「最善を尽くすもの」と信じてもらえなければなりません。この倫理観なくして，住民の支持と協働の確保は不可能になります。それは行政組織の浪費を通じて，健全な社会の成立を不確かなものにします。

現実に目を転じると，危険や不具合情報の隠蔽，抜け穴多き法律の制定，予算確保のための政策効果の過大見積もり，法令の例外規定を活用した高額報酬の支払い，重大会議での議事録の未作成，勤務時間中の抜け出しなど，様々な

分野で「知りながら害をなした」と思われる不祥事が頻発しています。ドラッカーに言わせれば、責任の倫理と社会的責任に反する行為として最大の罪です。毎朝起きて鏡を見たとき、自分の顔を直視できるかが大切とします。

「知りながら害をなすな」の原則なしでは、マネジメントは信頼を失い、その役割を果たせなくなり、組織の存在を危うくします。「知りながら害をなす」行為は、プロフェッショナル、つまり公務員の誇りと住民・国民の敬意が込められた公僕としての役割、そして行政組織の存在を危うくします。

公僕（全体の奉仕者）であると、住民が信じる活動を展開します。公務員と行政組織は、知りながら害はなさないと深く信頼されることが、社会の安定と発展の礎になり、行政組織の存続を確実なものにします。

姿勢4：【貢献】成果を出す

◆貢献の意義

最後が「貢献」です。ドラッカーは、人や組織が社会に成果をもたらすことを重視します。成果には貢献の意識と行動が伴うとし、「貢献に焦点をあわせることが、仕事の内容、水準、影響力において、あるいは上司、同僚、部下との関係において、さらには会議や報告の利用において成果をあげる鍵である」[*4]とし、貢献が多くの分野で成果をもたらすとします。

たとえば、自分が担当する仕事でより大きな成果をあげるには、自分の成果と同時に、他の人や組織全体の成果にも着目し、それに貢献することが必要です。ところが、人は担当している仕事や自分の専門に関心が集中し、「担当や専門の範囲でよい仕事をしていれば」と、自分ができることだけに限定しがちです。その結果、成果は最小になり、偉大な成果を逃すことになります。

◆自分の仕事が変わる

ここで必要なのは、顔をあげて組織全体の目的を確認し、その達成のために自分ができる貢献は何かを考えることです。それは、最終的な成果が存在する

社会に目を向け，部下，同僚，上司，組織，そして住民への役立ちを考えることです。すると，自分の仕事の内容やそのやり方が変わります。社会につながる全体を見据えた判断が可能になります。

　たとえば，自分の仕事を，常に住民の観点から考えるようになります。住民のニーズにあわせることで，自分の目標を高く設定するようになります。さらに，住民は組織全体の評価を前提として個々のサービスを評価することから，組織や他の人と自分の評価の両立を考えるようになります。すると，お互いが，自分以外の人や組織が成果をあげるように仕事を行う「貢献の連鎖」が創出され，大きな成果を組織と社会にもたらします。仕事が意味をもつのは他に貢献したときです。

　予算を倍増し労力をかけた自慢の政策でも，組織の外に貢献できなければ浪費になり，働く職員の自己実現にも結びつきません。一人ひとりの知識が結合することで成果に結びつく知識の時代では，自ら外への貢献を意識し，他人のために行動することが，お互いのより大きな成果の実現につながります。

■■■実践に向けての職員の視点■■■

課　長：【目線をあげて挑む】範となる真摯さを前提に，自分の最高のものを引き出す責任，知りながら害をなさないとの約束，そして他に役立つ貢献を意識した4つの姿勢は，我々公務員の目線をあげさせ，無限の可能性に挑ませる役割も果たす。行動規範や人事評価などに反映させる。

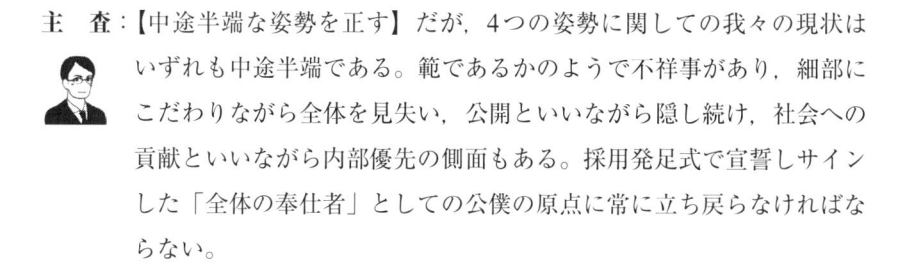

主　査：【中途半端な姿勢を正す】だが，4つの姿勢に関しての我々の現状はいずれも中途半端である。範であるかのようで不祥事があり，細部にこだわりながら全体を見失い，公開といいながら隠し続け，社会への貢献といいながら内部優先の側面もある。採用発足式で宣誓しサインした「全体の奉仕者」としての公僕の原点に常に立ち戻らなければならない。

3 マネジメントが求める成果の3つの要件

成果

学習のポイント

マネジメントの3つの役割を理解し、それを4つの姿勢に留意して仕事に適用することで、組織に成果をもたらすことができます。マネジメントの主役はこの成果です。成果なき組織は活力を減退させ役割も失います（右図参照）。

1. 成果の3つの要件は「為，外，全」

（1）為すべきことでの成果

ドラッカーは「成果」に関して徹底してこだわります。成果とは、組織が目的・使命に基づいて実現すべきことです。人と組織が担う仕事とは、成果をあげ社会に貢献することです。

行政組織は、目的・使命に基づいて、最初に社会に必要な「成果」を実現する政策を考えます。次に業務を生産的なものにして、働く職員に「成果」をもたらす仕組みを検討します。社会的責任も果たします。これが仕事の内容で、職員も行政組織も、自らの仕事の成果を認識することが、マネジメントの起点になります。

ドラッカーは、成果とは「為（な）すべきことをなした結果」[*1]とします。やりたいことではありません。ある地位につくと、その地位を利用して自分がやりたかったことをやると宣言する人がいます。これはマネジメントが求める成果ではありません。社会で働く人が仕事で挑むべきこととは、社会や人のためのことであり、社会を良くし人の幸せに貢献できる「為すべきこと」、つまり大義です。

行政組織は社会の機関です。担うべきは、やりたいこと、やれることといっ

3つの成果の要件

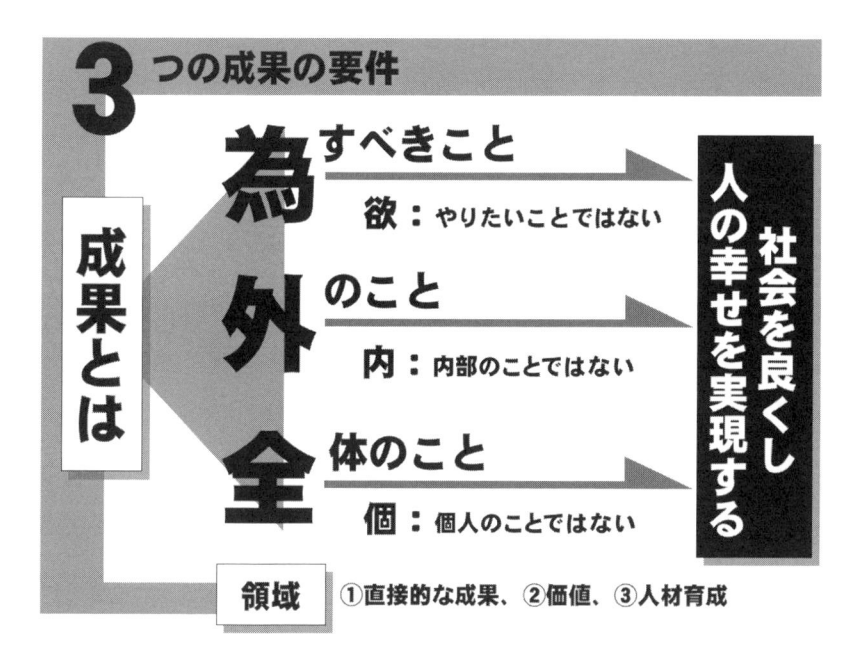

成果とは ← **為**
- すべきこと（欲：やりたいことではない）
- **外**のこと（内：内部のことではない）
- **全**体のこと（個：個人のことではない）

→ 社会を良くし人の幸せを実現する

領域：①直接的な成果、②価値、③人材育成

た私的なことではありません。社会で生活する住民にとっての意義ある価値を考え，その実現を内外の資源の活用で実践する社会的なことです。また職員は，為すべきことで成果をあげる実践を通じて自己実現を可能にし，同時に社会における行政組織の存在を意義あるものにします。成果とは，やりたいことではなく「為すべきこと」を通じて手にするものです。

(2) 外での成果

マネジメントの成果とは，「組織の外によい影響をもたらす」[*2]といった組織の外にあります。つまり内部ではなく外部，社会におけるよい変化です。マネジメントは，企業，行政，政党，大学，病院，警察などの社会の機関である組織が，外部において成果をあげる手段です。

人や組織の仕事は常に外に向けて行われ，その内容を他の人が利用することで成果になります。たとえば役所の中では，住民の幸せ実現につながる様々な仕事が行われます。この役所という組織が，社会に有用な組織と認められるには，役所内の仕事が組織の外の住民に受容され，住民生活の場でその成果を確

認できなければなりません。

　また，個々職員の仕事の価値も，自分以外の人や組織にどれだけ活用されて成果に貢献しているかによります。よき意図で熱心に仕事をしたという努力だけでは，研修期間中の職員以外には意味はありません。仕事への努力は，自分と自分以外の成果を産み出してこそ，意味をもつようになります。

　社会の機関である行政組織にとって，自慢の政策，優秀な人材，コストの削減といった内部の成果はすべて二義的です。内部の成果は，外部の成果に結びつくことで意味あるものになります。組織の成果は組織の外にあります。ドラッカーはマネジメントの機能を「組織の外部に成果を生み出すために，組織が手にする資源を組織化する」[*3]とします。

(3) 全体としての成果

　マネジメントが評価する成果とは，個々の成果のみならず全体の成果です。外部からの評価は組織全体に向けられます。個々の成果も，全体の成果と結びつくことで意味ある成果になります。

　ところが，人は自分の得意なことや成果に目が行きがちです。それに没頭するあまり，全体の成果を見失うこともあります。そのうち全体の成果未達の影響が，自分の仕事にも及んできます。自分が成果をあげていても，組織全体が低評価であれば，組織がなくなれば，成果をあげる機会を失います。

　成果をあげるのに必要なことは，成果に責任をもち，成果に影響を与える他への貢献を意識することです。貢献に焦点をあわせることで，自分の担当する仕事の成果から，組織や社会全体の成果に目を向けるようになります。これが組織内に広がることで，組織全体の活動が社会全体での成果に結びつく内容に変わります。全体の奉仕者としての役割が果たせます。

　マネジメントの成果とは，社会のために為すべき，組織の外で認められる，組織全体の成果であり，その成果を通じて社会を良くし，「人の幸せ」に貢献するものです。

2. 成果をあげる3つの領域は「直接，価値，人材」

　仕事を一生懸命に行うことは大切なことです。それを価値あるものにするには，その努力の結果が組織の成果に貢献していなければなりません。ドラッカーは，あらゆる組織が，次の3つの領域[*4]における成果を必要とし，これら領域すべてにおいて成果をあげなければ組織は衰退するとします。

(1) 直接の成果に結びつく領域での成果

　最初の直接の成果とは，住民の増加，所得の向上，健康な人の増加，犯罪の減少など，誰にでもわかる数字で示せる直接的なものです。実現すべき福祉的な成果を明瞭に定義し，達成の優先順位を明らかにします。組織の外で直接の成果をあげなければ，組織は存続が問われます。

(2) 価値を創造する領域での成果

　2つめの領域での成果は，政策や公共サービスの価値提供における成果です。目的を果たす組織や仕事の仕組みの構築，たとえば，より役に立つ価値ある政策や公共サービスの創造プロセス，内外の協働やコミュニケーションプロセスの構築です。さらに，これらに関する優れた方法の開発です。ここでの取組みが直接の成果につながります。マーケティングやイノベーションなどが有効に機能する領域です。

(3) 人材を育成する領域での貢献

　3つめの領域である人材育成の成果は，「明日の人材」を育成することです。組織が継続するには，次を担う人材が今日の達成した水準を乗り越え，よりよい明日を築かなければなりません。これが可能な「明日の人材」を育成します。

　現在より高い成果目標への挑戦の機会を提供し，職場環境の整備や自己啓発の促進などを通じて，その達成を助力します。育成した人材の活用が，上記の価値創造での仕組みで力を発揮し，直接の成果に貢献します。

4 マネジメントを担う リーダーの3つの要件

要件

学習のポイント

　マネジメントの定義と役割，取組み姿勢，成果といったマネジメントの基本思考の学習が終わりました。ここからは，基本思考を柱にして組織に成果をもたらす取組みを学習します。その最初はリーダーの要件です。

1. リーダーとは普通の人の普通の能力のこと

◆リーダーは誰もがなる

　組織へのマネジメントでは，複数の人々の活動を意義ある方向に向け，組織として成果をあげる必要があります。この役割を担当する機能としてリーダーが存在します。

　ただリーダーとは，いつも「上司」や「管理職」がなるということではありません。組織の状況に一番適した人がリーダーの役割を担います。たとえば，課題解決に専門的な知識が必要な場合は，その専門家がリーダーになります。仕事で一人で住民に対応する場合は，その人自身がリーダーになります。ドラッカーは，組織の成功，社会の発展には，たくさんのリーダーが必要とします。そのためにマネジメントを発明しています。

　このようにリーダーの存在は，特定のものでも特権を受ける存在でもありません。状況に応じて最適な人がリーダーになり，組織の成果実現に向けて行動します。その行動には後で述べる3つの要件が伴いますが，それはリーダーの役割を担う普通の職員すべてが，身につけられるものです。リーダーは仕事上の1つの役回りであり，特別であると考えることは傲慢の兆候です。

リーダーの3つの要件

カリスマではない

仕事	責任	信頼
為すべきこと	最終責任は私に	真摯さへの確信

リーダーは普通の人がなる

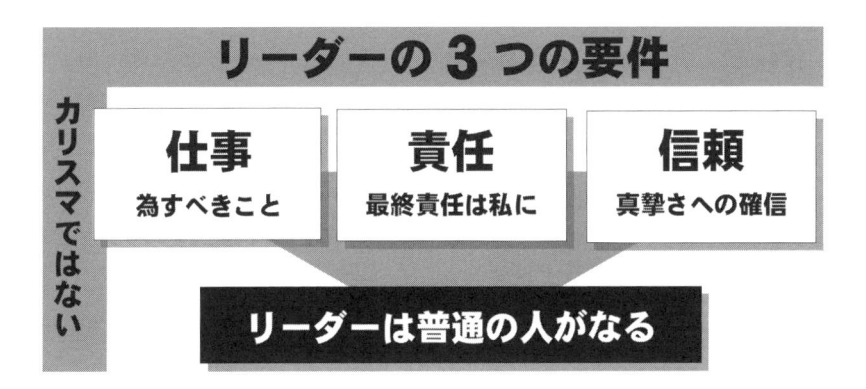

◆リーダーの資質は特別のものではない

　リーダーになった人には，自分の成果に加えて，組織全体の成果を実現する責任があります。するとリーダーには，生まれつきの資質とか特別な能力が必要となりそうですが，ドラッカーはそれを不要とします。

　リーダーの役割を果たすことと，リーダー的資質やカリスマ性とは関係ないとし，「人を惹きつける資質ではない。そのようなものは扇動的資質にすぎない。仲間をつくり，人に影響を与えることでもない。そのようなものは営業マンシップにすぎない」[*1]とします。

　リーダーは，組織は社会の機関であると考え，住民本位の組織のあり方を考え抜き，将来の進むべき方向を明示し，それを実現する戦略を策定します。次にそれを担う仕事の生産性と人の活用を考えます。また組織の社会的責任や遵守すべき倫理を深く認識し，自らの社会における役割を積極的にとらえます。さらに，これに関わる自らの成果を厳しく評価し，その結果に基づいて必要な改善を即座に実施します。

　これらのことは，組織のリーダーなら誰でもが行う普通のことです。リーダーとは，カリスマや特別の能力ではありません。人柄でもありません。それは，普通の人がマネジメントの3つの役割を，先の4つの姿勢で実践することです。

2. リーダーに必要な3つの要件

◆リーダーの3つの要件

　ドラッカーはリーダーの要件を3つあげます[*2]。それは特別な能力や賢さではなく、仕事をする人として実に当たり前のことです（前ページの図参照）。

(1) リーダーシップを仕事とみる。

　最初の要件は「仕事」です。ドラッカーは、リーダーの多くが、特別の才能をもった人ではなく、自らをリーダーとして創りあげた人たちとします。その中心に仕事があります。それは為すべきこと、つまり住民のために考え行動し、成果をあげて幸せになってもらうことです。

　ドラッカーは、リーダーシップの基礎は、「組織の使命を考え抜き、それを目に見える形で定義し確立することである」[*3]とします。つまり組織の基本的な考え方を明らかにし、それを実現する仕組みを構築し、必要に応じて自らの行動で「範」を示して方向を明確なものにし、成果をあげることです。リーダーが取り組むべき仕事とは、人気のあること、やりたいことではありません。「為すべき」ことを、「やるべき」ことから検討し、人と組織が「できるようにする」ことです。

(2) リーダーシップを責任とみる。

　リーダーシップとは、地位、肩書き、特別な待遇、特権ではなく「責任」です。責任とは、外部に対しては、成果に対する責任をもつことです。内部に対しては、成果をあげるために全力を傾けて仕事をなしとげることです。

　優れたリーダーには、「最終責任は私にある」とする覚悟があり、組織全体の仕事の成果と仕事ぶりに責任をもって行動します。成果をあげるのに必要な人材を集め、その人材にスポットライトをあて、人と組織に成果をもたらします。うまくいかないときは、その原因を人のせいにすることはありません。意思決定と意思疎通の結果責任を負える備えを怠ることはありません。

(3) リーダーシップを信頼とみる。

　最後は、一緒に仕事をする人がいることです。ひとり相撲で組織を、人気や

権力で人を動かすことはできません。「信頼」が必要です。①リーダーへの信用，②信念と行動の一致，③言行の一貫性が信頼をもたらします。この背景には，真摯さによる「信頼の絆」が人を結びつけることがあります。リーダーとは賢さではなく，範と信頼で協働を形成できる人です。

◆リーダーの重要性

　また，どの組織にも危機はきます。リーダーは危機に対応しなければなりません。予期し備えることです。それはイノベーションの実行であり不断の改革です。この危機克服の備えの重責を担うのがリーダーです。

　ドラッカーは，ここで必要なことは，特別の才能ではなく先のリーダーへの「信頼」とします。これがあれば，「危機に対処すべき態勢の整った組織，志気高く，とるべき行動を知り，自信に溢れ，互いに信じ合う百戦錬磨の組織をつくることはできる」[*4]とします。危機がチャンスに変わります。

　このためには，日頃から為すべきことを考え抜き，自らよりも仕事や組織を優先して責任の所在を明らかにし，信念に基づいた行動の実践が必要です。このことが，ごく普通の人がリーダーシップを発揮することを可能にします。地方と国の危機は間近です。リーダーのあり方と備えが問われています。

■■■実践に向けての職員の視点■■■

課　長：【次世代自治体では】新潟県のＳ市の首長は，「リーダーとはやりたいことではなく，組織として住民のために為すべきことを考え，それを，職員の強みを活用して，できるようにすることである」と自らの責任を語る。

主　任：【私もリーダーがやれそう】私も業務でチームのリーダーになる。その時，①当たり前，当然のことをやる，②成果を意識して全力を出す，③信頼を得られるように範となる姿勢と行動を心がける。これならなんとかできそう。

5 社会の機関である行政組織の3つの特性

特性

学習のポイント

マネジメントは組織の成果をあげるものです。ここではマネジメントの対象になる「組織」を考えます。組織の主要な特性が理解できると，マネジメントの役割がさらに明確になります（右図参照）。

1. 行政組織は成果の機関である

◆成果を通じて社会を良くし人を幸せにする

ドラッカーは，あらゆる組織が社会の機関であり，その目的は社会にあるとします。たとえば保健所の目的は，組織の外の地域住民の健康や衛生状況を適切な水準に維持し，社会に貢献することです。この組織特有の目的が使命です。

よって組織の存続に必要なことは，組織自体の規模拡大といったことではありません。組織活動による成果を通じて社会的な目的を遂行し，社会を良くし，人を幸せにすることです。組織は目的ではなく手段です。

◆個々の特定のニーズに対応し成果を出す

社会には，多種多様な種類の組織があります。数が多いのが企業組織で，規模が大きいのが行政組織です。この大小様々な組織が社会で存在できるのは，個々の組織がその使命として，社会，コミュニティ，個人の多様なニーズから特定のニーズを選択し，それを満足させることで福祉的，経済的な成果をあげているからです。成果とは組織が使命に基づいて達成すべきことです。

たとえば，人並みの生活を維持したいといった社会のニーズがあるから，行

3 組織とは社会の機関である

組織は目的ではなく手段

1. 成果の機関	組織は社会のニーズに対応し、成果を通じて社会に貢献する。
2. 結合の機関	組織は専門知識同士を結合し、組織の成果と自己実現を可能にする。
3. 変革の機関	組織は変化を機会とし、廃棄と新しいものの創造を行う変革の担い手である。

政組織が発足します。対応すべきニーズに適切な公共サービスを提供することで福祉的な成果をもたらし、社会での使命を果たします。行政組織は社会の機関です。その存在は、組織の外が必要とするものを提供し、求められた成果を実現することで確かなものになります。

同様に、病気を治したいことから病院が建てられます。成果は病気から回復した人が増えることです。学びたい人がいるから学校の建設が始まります。成果は学び活躍する人が増えることです。社会の機関であり手段でもある組織には、使命と住民ニーズに基づいた社会に貢献できる成果が必要です。

2. 行政組織は結合する機関である

◆知識を結合し働く人の幸せに貢献する

ドラッカーは、組織を、共通の目的実現のために働く専門家からなる組織体であり、専門家の自己実現と成果の達成を可能にする道具とします。組織が知識社会で成果をあげるには、結集した専門家が保有する知識と、他の専門知識との結合が必要になります。専門家の結合によるよき仕事ぶりと成果の実現

は，組織と社会への貢献となり，同時に専門家の仕事のやりがいと自己実現を可能にします。組織は成果と働く人の幸せを実現する道具です。

◆組織のあり方が重要

これには，行政組織はそこにあるだけでは不十分になります。誇りと共感できる組織目的の明示が必要になります。次に仕事を生産的なものにして，そこで働く職員の強みを活かした結合による成果で，社会にとって有用な存在であると認められることが大切です。それは専門家の結集も促進します。

職員個人も，組織目的を徹底して理解します。その上で自分がなすべきことを表明し，集中すべきことを決定し，強みを活かした他との積極的な結合を通じた，成果に貢献する行動が求められます。

このように行政組織と職員が成果をあげるか否かは，組織の意義ある人の結合の仕方，自己の仕事の価値ある結合のやり方，つまりマネジメントのあり方にかかっています。結合が必要な人と組織には，マネジメントが不可欠になります。

3. 行政組織は変革の機関である

◆知識社会での変化と競争に対応する

時代は知識社会です。知識が組織の中核的な資源になり，知識労働者が組織の重要な働き手になります。その知識には，急速に変化し陳腐化する特性があります。知識労働者には，時代遅れにならないように，短サイクルで新しい専門知識の学習と創造が必要になります。

また専門知識は，学習機関や情報媒体などから容易に入手できます。さらに知識は個人の頭の中にあることから，本人の努力や活用の仕方によって組織間や上方への移動が可能になり，競争が激しくなります。知識社会は，組織と人には変化と競争の時代になり，これへの対応が必要になります。

◆変化のための仕組みをもつ

　ドラッカーは「あらゆる組織が，まさに自らの構造に「変化のマネジメント」を組み込むべき」[*1]とします。行政組織には，2つのことが必要になります。1つは，自らが行っていることについて「体系的に廃棄する能力」をもつことです。もう1つが，「新しいものの創造」への専念です。

　この2つのマネジメントに無関心では，行政組織は急速に肥大と浪費，陳腐化が進行し，成果をあげる能力を失います。頼りとする知識労働者である職員を，結集する魅力と結合する能力も失います。

　変化と競争が伴う新時代の知識社会で，専門知識を強みとする行政組織が成功するには，自らを，変化は機会としてとらえる変革の担い手（機関）にしなければなりません。変化をマネジメントする最善の方法は，自らが住民起点の変化を創り出すことです。組織は変革の機関であり，その機能発揮にはマネジメントが必要です。

■■■実践に向けての職員の視点■■■

係　長：【このままでは役割を失う】成果を通じて社会に貢献ができない組織，協働不足から職員を活かしきれない組織，廃棄やイノベーションを避ける組織では，社会での役割を失う。このままでは，政策の廃止，部署の統廃合，人件費の削減，減税要求，吸収合併などで他の機関に役割を代わられる。取り組むべき課題は多い。

職　員：【現場で実践する】行政組織の3つの特性（成果，結合，変革）からしてもマネジメントを修得しなければならない。現場で仕事をする我々は，常に庁舎の外で生活する住民への成果を意識し，業務では内外との横断的な協働で結合を促進し，廃棄の徹底と創造への挑戦を念頭において行動する。まだまだ不十分である。

6 社会の機関である行政組織の使命

使命

学習のポイント

これまでの理解を踏まえて、ここからより実践的なものになります。その最初は、行政行動すべての基点になる組織の使命の検討です。組織とそこで働く人の活動すべてが、この使命に基づいて行われます。

1. 意義ある使命と3つの役割

◆使命とは

次世代社会の到来と長きにわたる成果不足から、組織の多くが、存在意義のあり方といった本質が問われることが多くなりました。組織は、新時代で社会に貢献できる成果を出せる組織への再確認が求められています。

組織は社会の機関です。社会、コミュニティ、個人のニーズを満たすために存在します。ただ、1つの組織ですべてのニーズに対応することはできません。社会の多様なニーズから特定のニーズに焦点を絞り、それに対応することで社会に貢献します。その特定ニーズへの対応が組織の使命です（右図参照）。

『ビジョナリーカンパニー』を著したコリンズは使命を、「人は絆と信条の共有を必要とする」[1]と表現し、ドラッカーは、「現在の活動をなぜ行っているかという理由」[2]とします。社会への意義ある組織の理念であり活動の基点です。

◆使命の役割

ドラッカーは使命の役割を、「明確かつ焦点のはっきりした共通の使命だけが、組織を一体とし成果をあげさせる。焦点の定まった明確な使命がなければ、組織はただちに組織としての信頼性を失う」[3]とします。以下の3つが重要点

2章 マネジメント基本編 組織を通じて成果を実現するマネジメントの基本手順と内容

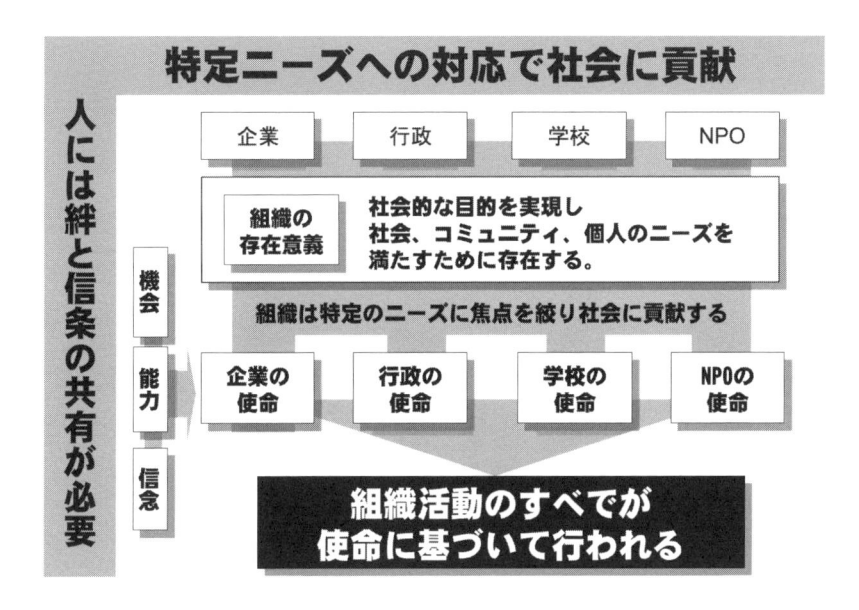

特定ニーズへの対応で社会に貢献

人には絆と信条の共有が必要

- 企業
- 行政
- 学校
- NPO

組織の存在意義：社会的な目的を実現し社会、コミュニティ、個人のニーズを満たすために存在する。

組織は特定のニーズに焦点を絞り社会に貢献する

- 機会
- 能力
- 信念

- 企業の使命
- 行政の使命
- 学校の使命
- NPOの使命

組織活動のすべてが使命に基づいて行われる

です。

(1) 使命は組織特有の社会目的を実現する。

組織が社会に貢献し成果を手にするには，その組織だけがなしえる特有の社会目的である使命が必要になります。使命として設定したその目的が特有であればあるほど，多様化した社会に独自の貢献ができます。職員一人ひとりが，使命を理解し共有することで職員への大幅な権限委譲が可能になり，職員の能力を活かした特有の社会目的を遂行する組織活動が実現します。

(2) 使命は組織の信頼性を高める。

組織活動の前提には，社会で必要とされる明確な使命の提示が必要です。意義ある使命に基づいた諸活動でより大きな成果をあげることで，組織は社会の信頼を得ることができます。また使命は，持続的な成果実現のための卓越に向けた資源の蓄積方向を示します。こうした持続的な使命に基づいた活動と資源の蓄積は，社会への貢献をより一層有効なものにして，組織の持続的な信頼維持に貢献します。

(3) 使命は組織の一体化を促進する。

　組織は，各分野の専門知識と異なる価値観をもった人の協働体です。成果の産出には，相互信頼の下で結合することが必要になります。これには，全員が誇りと共感がもてる共通の使命が必要になります。コリンズは「人は，誇りある組織の一員たることを必要とする」[*4]とします。意義ある使命が，組織への貢献と一体化を促進します。結果として，組織が社会で成果をあげる能力を高めます。

2. 使命検討の3本柱は「機会，能力，信念」

◆内容検討の3つの柱

　マネジメントを担う人が最初に行うべきことは，組織の使命を考えそれを定義することです。ドラッカーはその際，「使命によき意図を詰め込みすぎないこと，シンプルかつ明確であること」[*5]と助言します。使命を考えるにあたっては，以下の機会，能力，信念の3つの柱[*6]を，使命に折り込むべきとします。

(1) 機会：なすべきこと。

　組織がやりたいことではありません。住民が必要とし欲することです。なすべきことです。使命は住民のためにあります。住民だけが行政組織の存続を支えます。住民のニーズを把握します。

(2) 能力：できるべきこと。

　住民ニーズや機会に，自分たちの強みを活用できるかです。世の中を変えるには，困難で意義のある仕事で成功しなければなりません。これを可能にする自らの中核となる強みを考えます。それは一般的な水準のものではなく，住民が認める卓越したものです。

(3) 信念：やるべきこと。

　使命とは人に関係するものです。本当に信じられるかです。心が折れそうなときに勇気を与えられるか，迷ったときの指針になるかです。心底信じることなしでは，偉大な仕事をうまくやれることはありません。

◆使命の展開と成果

　使命は単なるよき意図ではなく，成果につながる行動です。これには，組織の関係者すべてが使命を知り，理解し，実践できるようにします。使命を組織の隅々までに浸透させ共有できるようにします。

　使命を共有した職員すべてが，その実現方法を自らに問い答えることで，使命を具現化する政策，協働的な組織行動，自己の貢献のあり方などが，使命に基づいて定義されます。

　特に，成果の実現には，「組織の使命」とそれを具体化する「政策の定義（P.123参照）」，その実施を担う「個人のあり方（P.179参照）」の一貫した関連が必要になります。この3つをほぼ同じ視点で検討することで，使命の遂行，成果の達成，職員の自己実現が，共にめざした方向に動き出します。

　使命中心の組織活動を実践する行政組織は，組織は人と社会を良いものにするために存在すると考え，行政組織の使命と目的，将来の進むべき方向，それを実現する政策と展開の仕組みを検討し，誇りある仕事を実践します。

■■■実践に向けての職員の視点■■■

部　長：【不足する使命への関心】ドラッカーは組織が成果をあげるには，組織の使命を知ることが前提とする。我々の組織の使命とは何かである。組織で働く職員がそれを認識しているかである。使命を知らずして組織は成果を出せない。事実，成果不足である。

主　任：【自分たちで考える】使命や目的を問われるとすぐに地方自治法に頼る。しかし，住民ニーズ，組織の強み，信念を折り込む使命は，地方自治法には載ってない。自分たちで考え創造しなければならない。

課　長：【次世代自治体では】岩手県のC市は，全庁の使命を設定し，それを各部の組織定義に展開し，事業部のような自律的な組織活動を行っている。総合計画を戦略的なものにし，住民と協働して福祉と地域振興で大きな成果をあげている。使命中心の行政活動の成果は大きい。

7 行政組織の目的は住民の創造

目的

◯学習のポイント◯

行政組織の使命に基づいて行政組織の目的を考えます。行政組織も他の組織と同じように社会の機関です。よって行政組織の目的は，内部ではなく社会に存在します。そこから行政組織の目的を考えます。

1. 行政組織の目的

◆行政組織の目的は「住民の創造」（右図参照）

組織は社会の機関です。社会，コミュニティ，個人の特定ニーズへの対応を使命とします。その対応による成果を通じて社会に貢献します。それには，特定ニーズを満足させ続けることが必要になります。ドラッカーはこれを「顧客の創造」と表現しました。最も有名で最も忘れる人が多い言葉です。

企業が顧客を満足させ続けることができなければ顧客はいなくなり，顧客なき企業は存在を失います。地元の商店街を歩けばわかります。顧客の創造が企業の目的になります。自組織の顧客は自分で創造します。当然のことです。

行政組織も組織の一形態であり社会の機関です。その目的は，組織の使命に基づいた，顧客としての「住民の創造」になります。行政組織の存続を保障するのは住民だけです。マネジメントは，この「住民の創造」といった行政組織の目的を達成させる道具，機能，機関でもあります。

◆住民ニーズを満足させる2つの方法

住民の創造には，住民を満足させ社会に貢献できる公共サービスの提供が必要です。その方法は2つあります。1つは，すでに住民が解決したいと考えて

行政組織の目的は住民の創造

―知識社会―

社会から見た目的を考える

【組織は社会の機関】
企業／行政／学校／NPO／その他

【組織の使命】
社会、コミュニティ、個人のニーズから特定のニーズに焦点を絞り、それに対応することで社会に貢献する。

【企業の目的】
顧客の創造

【行政組織も社会の機関】

【行政組織の目的】
住民の創造

【マネジメントの役割】……… 住民の創造のための道具、機能、機関

いる顕在化している課題を把握し，住民ニーズが反映した公共サービスを提供することで解決に結びつける方法です。もう1つが，住民の潜在的ニーズへの対応です。社会にはすでに存在はしているが，住民が自覚していない問題，行政組織も気がついていない課題があります。これを住民と行政組織が協働して探し出し，その潜在ニーズに対応できる公共サービスを提案します。これにより住民満足を実現し，住民の創造に結びつけます。

この潜在的ニーズへの対応は，既存の課題をより効果的に解決したり，深刻な問題の発生や拡大を未然に防いだりするなど，社会に大きく貢献する公共サービスの提供になります。

少子になったら少子対策，不況になったら景気対策といった顕在したニーズへの対応だけではいつも後手になります。必要以上の資源投入の発生にもなります。住民の潜在したニーズに対応することで住民を創造し，社会に継続的に貢献することができます。

◆**行政組織のあり方は住民が決める**

　住民を創造するのは行政組織ですが，行政組織のあり方を決めるのは住民です。住民が評価する価値によって，行政組織の目的，提供するもの，成長の要因が決まります。それは，住民だけが公共サービスを受容・活用・評価・行動して，社会の活力に代えることができるからです。決定権は住民にあります。住民が公共サービスを認めなければ，行政組織の役割は失われていきます。

　住民は自らが必要とし，社会の安定と発展をもたらすものを手にするために，税金を中心とした資金の活用を行政組織に負託しています。最優先すべきことは，行政組織が必要と考える公共サービスではなく，住民が求め，価値ありと認めるものです。組織活動のすべてが，組織の外での住民の創造のためにあることを常に確認し行動します。

2. 財政的な成果の4つの機能

◆**財政的な成果の重要性**

　ドラッカーは，組織は，財政的な成果を追求するために存在するのではないとします。ただそれは，財政的な成果を度外視して行動せよといっているのではありません。財政が破綻したら，組織目的の追求に大きな支障が生じます。

　財政的な成果は組織の目的ではなく，この後に説明するマーケティング，イノベーション，生産性のそれぞれが機能し，住民を創造することで得られる結果です。財政的成果は必要ですが，自己目的化することはありません。これを前提として，財政的な成果には次のような重要な機能があります。

◆**4つの機能**[*1]

（1）組織活動の成果の判定基準になる。

　財政的な成果は，住民創造に向けた行政組織の活動の成果が，どの程度達成されたかを判断する基準になります。この基準により行政活動に有効な情報が提供され，より少ない資源で所定の成果を達成する活動が促進されます。

(2) 不確実性のリスクに対する保険料になる。

　未来の着手には，廃棄と新規の政策が必要になります。その未来には不確実性といったリスクがあります。行政組織が，変化する住民ニーズに対応して社会に貢献していくには，十分な準備とイノベーションでそのリスクを克服しなければなりません。財政的な成果がそれを下支えします。

(3) 雇用の場に必要な資本を供給する。

　財政的な成果は，より多くのより良い雇用の場をもたらす原資になります。組織が存続することで，そこで働く人の雇用を確保し，労働環境を改善することができます。それを拡大することもできます。

(4) 公共サービスや社会資本を充実させるための原資になる。

　財政的な成果による研究や開発を通じて有効な公共サービスを拡充し，新規政策への対応も可能になります。強みをさらに強化することもできます。

■■■実践に向けての職員の視点■■■

課　長：【住む人が増えているか】行政組織の目的は庁舎外の社会にある。それは「住民の創造」である。住む人，働く人，学ぶ人，健康な人が増えているかである。もし「否」なら，我々の能力と存在価値が問われている。

職　員：【重要なのは住民ニーズ】行政組織がなすべきことを決めるのは，自分たちではなく住民である。この意識と行動の徹底がなかなかできない。机上で勝手に考え，庁内会議で「異議なし」として決める。結果，住民の自助的活動が不足して成果があがらない。最優先すべきは住民ニーズである。

係　長：【財政赤字では危機対応ができない】財政的な成果は組織の目的ではないが，財政的な成果を損なう活動では将来は描けない。ドラッカーは，財政赤字の本来の役割は危機への対応時とする。我々は平時ですでに財政問題を抱えている。本当の危機がきたら打つ手は限られる。

8 行政組織の基本機能はマーケティングとイノベーション

機能

学習のポイント

「住民を創造する」ことが行政組織の目的です。行政組織には，それを実現する機能が必要になります。ドラッカーは，それをマーケティングとイノベーションとし，他の機能はこの2つを支援するとします。

1. 住民創造を実現するマーケティングとイノベーション

◆行政組織に浸透しないマーケティングとイノベーション

「人口の減少」「経済の小国化」「財政の困窮化」などから，現在ほど組織すべてが，使用した資源以上の価値を創造しなければならない時代はありません。

特に社会経済の停滞と財政難を引き起こしている行政組織には，その基本的な考え方から個々の行動まで，住民起点（マーケティング機能）に立脚した，創造的（イノベーション機能）な活動が求められています。それは，税金100億円の歳出を，たとえば住民が120億円の価値に感じられる行政活動です。

しかしこの2つの機能への対応に関しても克服すべき課題があります。行政組織内では，「マーケティングは市場調査や広告宣伝である。イノベーションは継続性重視の我々には関係がない。両方とも民間の手法で，大義を扱う行政組織には使えない」とし，組織の2つの基本機能を表面的に理解してしまいます。

こうして，住民起点で画期的な成果を期待できる大事な政策機会を，見逃している行政組織が実にたくさんあります。長年，行政組織が福祉と成長戦略で具体的な成果を出せない大きな要因の1つです。

2章 **マネジメント基本編** 組織を通じて成果を実現するマネジメントの基本手順と内容

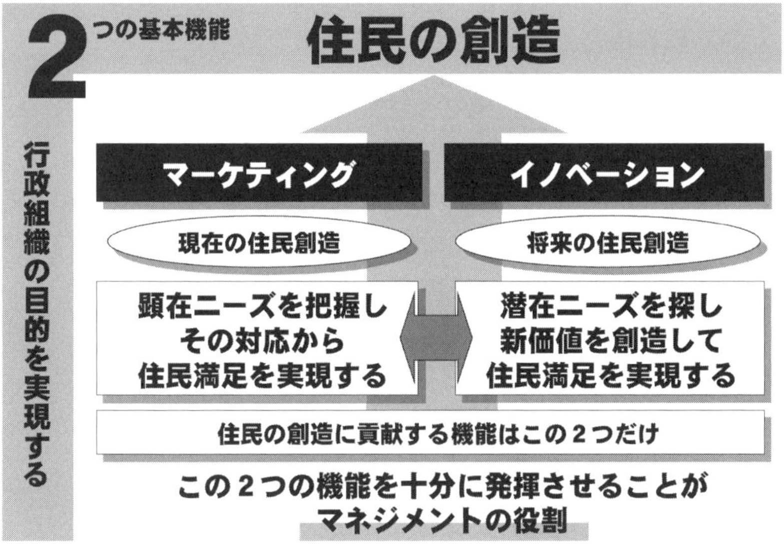

2つの基本機能　住民の創造

行政組織の目的を実現する

- マーケティング — 現在の住民創造
  - 顕在ニーズを把握しその対応から住民満足を実現する
- イノベーション — 将来の住民創造
  - 潜在ニーズを探し新価値を創造して住民満足を実現する

住民の創造に貢献する機能はこの2つだけ

この2つの機能を十分に発揮させることがマネジメントの役割

◆行政組織に成果をもたらすマーケティングとイノベーション

　行政組織の目的である住民の創造とは，住民ニーズを満足させ続けることです。幸せを実感する住民を創造することです。自分たちの顧客である住民は，自分たちで自律的に創るしかありません。

　先に，住民の創造には，顕在ニーズと潜在ニーズへの対応が必要であることを明らかにしました。この対応には，顕在と潜在した2つの住民ニーズを満足させる資源の投入が必要になります。それを最適なバランスで実行するものとして，マーケティングとイノベーションの2つの機能が登場します（上図参照）。ドラッカーは，この2つの機能だけが組織に成果をもたらすとし，マーケティングとイノベーションを，組織の基本機能とします。

　また，この2つの基本機能は，行政組織の目的に直結することから，全部署，全職員が取り組むべき内容とします。組織とそこで働く公務員すべてが，マーケティングとイノベーションに取り組み，上手でなければ，住民の創造はできないということです。

2. 2つの基本機能と地方自治法第2条の卓越性

◆地方自治法に見られる自治体の卓越性

　地方自治法第2条14項には，「地方公共団体は，その事務を処理するに当たっては，住民の福祉の増進に努めるとともに，最少の経費で最大の効果をあげるようにしなければならない」と明記しています。

　住民の福祉の増進を，最少の経費で最大の成果とすることは，意義のある仕事です。これが具現化できれば最適最良の住民満足が実現し，活力にあふれた住民の創造ができます。これには，福祉の増進に関する住民ニーズを的確に把握し，新しい視点で画期的な公共サービスを創造して提供し続けることが，行政組織に求められます。

　地方自治法が求める地方公共団体とは，まさに住民志向（マーケティング）と創造志向（イノベーション）に溢れた，「住民創造」に挑む，他の模範となる卓越した組織（マネジメント）です。

◆住民満足と価値創造に取り組む

　「住民の創造」に必要な顕在ニーズへの対応は，主にマーケティングが担当します。常に変化する住民ニーズを把握し，それを充足する公共サービスの提供で，住民満足の実現をめざします。「現在の住民創造」です。もう1つの潜在ニーズへの対応は，主にイノベーションが担当します。これから必要となる住民起点の新価値を創造します。「将来の住民創造」です（前ページの図参照）。

　行政組織は，この現在と将来の住民創造を担う2つの基本機能が揃って初めて，住民を創造し続けることが可能になります。地方自治法が求める，住民志向の最適な価値を創造できる卓越した次世代組織に向けて歩み出せます。

　マネジメントは，マーケティングとイノベーション双方のバランスをとり，その歩みに大きく貢献します。その歩みの先に地方自治法が示す「人を幸せにする社会（福祉の増進）」の存在があります。実現しなければなりません。

2章　マネジメント基本編　組織を通じて成果を実現するマネジメントの基本手順と内容

3. 行政組織におけるマーケティングとイノベーションの課題

◆行政組織でのマーケティングの課題

　最初にマーケティングを考えます。マーケティングの本質を理解するには，販売との違いを比較します。ドラッカーは販売を「商品志向」の顧客対応，マーケティングを「顧客志向」の顧客対応とし，「マーケティングの理想は販売を不要にすることである」[*1]としてマーケティングの本質を説明します。

　「販売」とは商品が起点にあります。商品が全体の活動を先導する，組織内から発想する顧客対応活動です。組織の商品が先にあります。それを値引きや宣伝，販売員活動などで顧客に提案して購入を促し，その対価として「利益」を獲得します。ややもすると顧客ニーズを軽視し，商品優先といった組織内の都合が表に出がちな，高圧的な取組みになります（次ページの図参照）。

　「マーケティング」とは顧客ニーズが起点にあります。顧客ニーズが全体の活動を先導する，組織外から発想する顧客対応活動です。まず顧客（住民）重視の理念を徹底します。把握した顧客ニーズを満たすように，顧客との協働的な活動を通じて商品・サービスを創造し，「顧客満足」を実現します。その結果として財政的な成果も得られます。

　望ましいのは，後者のマーケティングによる取組みです。しかし，現在の不安増と活力減の疲弊した社会状況からすると，公共サービスの提供にはマーケティングが徹底していないようです。行政組織には，マーケティングの活用で住民の積極的な自助を促し，社会の活力発揮に貢献する住民起点の行政活動が必要です。

◆行政組織でのイノベーションの課題

　イノベーションにも課題があります。ドラッカーは，行政組織においてイノベーションの障害となりやすい，次の3つの原因を指摘します[*2]（次ページの図参照）。

　①肥大体質：行政機関は，成果ではなく予算に基づいて活動することから，

マーケティングとイノベーションの5つの障害要因

マーケティング	組織内からの発想	実情を知っているのは自分たちとして住民対応活動を行う。このため内部志向が強まり住民軽視になる。	軽視
	政策重視になる	優れた政策を策定すれば住民は納得するとする。住民要望が反映不足でもそれを押し通そうとする。	高圧
イノベーション	予算で行動	成果は獲得した予算額で評価される。既存政策の廃止などは失敗とみなされる。	肥大
	多様な利害関係者	既存政策の廃止や修正を拒み、新政策には反対を表明する多様な利害関係者を抱える。	浪費
	善を行う組織	自らの使命を道義的に絶対的なものとし、目標を実現できないことは、努力の倍増を意味する。	借金

前年以上の予算獲得が目的となり組織が意味なく肥大する。

②浪費体質：行政機関は，それぞれが目的をもった多様な利害関係者に取り囲まれていることから調整不足になり，役割を失いかけている政策に浪費を続ける。

③借金体質：行政機関は，大義遂行を存在意義とすることから，目標未達の場合は，他から資金を借りてきても大義を果たそうとし借金増になる。

行政組織は，大義を担い間違うことはないといった自負（無謬性）から，政策の廃棄，新政策の創造，成果の追求には，拒絶的な反応を示す傾向があります。これが行政組織の肥大，浪費，借金体質につながり，住民・国民に大きな負担を背負わせています。行政組織には廃棄，創造，成果を柱とするイノベーションが不可欠です。

4. マーケティングの定義とその概要

　マーケティングとイノベーションの定義を理解し，その活動概要を把握します。最初は，組織の外との相互交流を担うマーケティングです。体系的に取り組むことで社会の課題を克服し，住民を創造することを可能にします。

◆マーケティングの定義

　行政組織は社会の機関ですから，社会，コミュニティ，個人のニーズに対応する公共サービスを提供します。ある自治体では提供する組織特有の公共サービスを，「すべての人々が，その属する社会において合意された水準の生活をするために必要なサービス」と定義しています。この公共サービスの提供に必要なのがマーケティングです。

　ドラッカーはマーケティングとは「顧客の観点から見た組織そのもの」[*3]と定義します（次ページの図参照）。それは，住民起点を徹底し，住民の声を聴き，住民に公共サービスをあわせて自ずと活用してもらえる行政活動のすべてを，住民の視点から構築することです。

◆行政組織でのマーケティングの概要

　住民を一番よく知っているのは住民自身です。よってマーケティングは，住民を起点に考えることが根本原則です。行政活動は常に顧客である住民のニーズ，現実，価値観からスタートします。「行政が提供したいことは何か」と考えることは販売志向になります。「住民が必要とし欲することは何か」と考えます。これがマーケティング志向です。

　また，「これが公共サービスができること」とも考えません。顧客である住民が，実際に使用してみないとわからないことはたくさんあります。継続的な改善や改革は当然です。重要なのは，住民が欲し受容し価値があると評価することです。職員の活動すべてが，住民への貢献で評価されます。政策や公共サービスのすべてを住民ニーズから組み立てます。

マーケティングとは

住民を知るものは住民

定義	マーケティングとは組織全体を住民の観点から見ること。
志向	常に住民を出発点として考え、職員の評価に住民への貢献をおく。
体系	①社会・住民戦略 ②公共サービス戦略 ③流通（協働・コミュニケーション）戦略
実現	公共サービスの提供による住民の自発的な行動による住民満足の実現である。

→ **住民満足**

　ドラッカーは、マーケティング活動の体系を、対象とする住民を含む「①社会・住民（誰に）」、そのニーズに対応する「②公共サービス（何を）」、この2つを結びつける協働とコミュニケーションを含む「③流通（どのように）」で構成します。

　これを活用して、提供する公共サービスが、対象とした社会・住民の課題に適合し、「ひとりでに活用してもらえる」ようにします。結果、告知や宣伝の労力が軽減され、目標としての成果を達成することで、成果不足から立案される対策への費用発生がなくなることが期待できます。

　こうして、住民ニーズに基づいてよく考えられた住民起点の公共サービスは、関係者との協働的な流通活動を通じて住民の関心を喚起し、自助努力に取り組む住民を創造します。

　これは、地域における住民の多彩な行動につながり、その集積が住民と地域の活力向上に結びつき、社会、コミュニティ、住民の満足を実現します。

5. イノベーションの定義とその概要

　行政組織は社会の1つの機関であり，その社会は常に変化しています。知識時代の行政組織は，変化を当然とする組織であり，その対応に必要なのがイノベーションの機能です。これにより変化を未来の発展の機会に変換します。

◆イノベーションの定義

　ドラッカーは「イノベーションとは，人的資源や物的資源に対し，より大きな富を産み出す新しい能力をもたらすこと」[*4]と定義します（次ページの図参照）。それは，既存資源を利用した住民にとっての価値の創造です。「変化に関わる方法論」[*5]であり，体系的に学び，実践できるものです。マネジメントを担う人が，社会の発展のために挑むべきことです。

　イノベーションの対象は，行政活動のあらゆる局面に存在します。公共サービス，住民が生活する社会，マネジメントといった管理のイノベーションがあります。

　ここで重要なのは，イノベーションを技術開発や発明と考えるのではなく，職員一人ひとりが担う社会を変える工夫と幅広くとらえることです。社会，教育，医療，都市，安心安全，環境，協働などに，わかりきった，気づかなかった，小規模で簡単な工夫といった，多様に変化する社会ニーズに対応する幅広いイノベーションが求められています。

◆行政組織でのイノベーションの概要

　変化を自分たちへの攻撃と受け取りがちな行政組織にとって，社会の変化は脅威に映りますが，その背後には機会があります。機会にイノベーションを適用することで，税金を住民の自発的な自助努力に変えることができ，住民満足の実現と地域活力の向上に資することができます。

　これには，企業以上に変化を当然とする起業家的であることが要請されます。それは，できることをより上手に行うことよりも，住民が期待するまった

イノベーションとは

資源からの富の創出能力の増大

定義	人的・物的資源に対し、より大きな富を産み出す新しい能力をもたらす。	
対象	技術、研究に限定せず、むしろ社会的、経済的、経営管理に関するものの方がインパクトは大きい。	価値創造
志向	変化を機会とし新しいことに価値をおく。その行動の基礎には原理と方法がある。企業以上に起業家的であることが必要である。	
体系	①新しいより価値あるものの創造戦略 ②より省資源の公共サービスの創造戦略 ③公共サービスの新用途の発見戦略	
実現	資源が生み出すものの価値を高め、新しい満足を生み出す。	

く新しいことの創造に価値を見出す考え方（原理）と行動（方法）です。

　イノベーションは，既存資源の富の創出能力を増大させ，住民に新しい福祉的な満足を提供することです。それは，下記の3つの取組み[*6]を通じて社会に新しい活力をもたらします。

　①新しいより価値のある公共サービスの創造
　②より省資源の公共サービスの提供
　③公共サービスの新用途の発見

　イノベーションの取組みでは，新価値の創造を意識しますが，イノベーションを評価するのは住民です。すべて住民ニーズへの適合が前提です。社会の疲弊から，限られた資源で政策の成果が強く求められている行政組織には，住民起点でより大きな富を創造するイノベーションは不可欠になります。

◆イノベーション展開のポイント

　イノベーションの展開は，次の3つに区分されます（詳細は4章）。

①イノベーションの7つの機会に注目する。
②イノベーション実現のための考え方と4つの戦略を明らかにする。
③イノベーション実現のための体制を構築する。

　イノベーションに関する変化を探す方法としては，ドラッカーが提唱した「イノベーションをもたらす7つの機会」を活用します（詳細はP.161参照）。次に，この機会を具現化するためのイノベーションの考え方と戦略が必要になります。ドラッカーは起業家戦略として4つの戦略を明示しています（詳細はP.163参照）。これを活用してイノベーションの成功度合いを高めます。

　最後が，イノベーションを推進するための体制の構築です。起業家としての活動と成果に報いる体制を構築します。こうして，あらゆる部門がイノベーションについての責任と目標をもつ行政組織を実現します。

■■■実践に向けての職員の視点■■■

課　長：【マーケティングの達人の見解】ドラッカーは，マーケティングの達人であるコトラーとの対談の中で，「マーケティングは，あらゆる組織に必要なものであるだけに，非営利組織にも早く導入されなければならない」[7]とするコトラーの見解を引き出している。我々には早急な取組みが求められている。

主　査：【予算増と運では成果はない】マーケティングとイノベーションは，福祉と財政に課題を抱えている全自治体が業務に適用すべき機能である。我々がこの2つの機能を政策形成で駆使できなければ，市役所が成果をあげる根拠は「予算増と運」になる。これでは，地域創生の柱である地域成長戦略の実現も危うくなる。

主　任：【誰でもできる】ドラッカーは「イノベーションを創造的模倣とし，狭く考えず，既存のものへの模倣や簡単な工夫であり誰もが可能」とする。住民のために「より使いやすく，より便利に，より簡単に，より速く，より安価に」といった視点で実践してみよう。

9 組織の生産性向上を可能にする 6つの要因と5つの方向

生産

学習のポイント

行政組織は，住民の創造という目的を実現するために，マーケティングとイノベーションで公共サービスの提供を行います。この2つの活動には資源が必要で，バランスを考えた資源の生産的活用が成果をさらに高めます。

1. 生産性向上と全体のバランスとの関係

◆生産性に違いが出る

同じ業界では，経営資源の調達環境はほぼ同じと考えられます。しかし，同じ資源で同じ種類のサービスを提供しても，成果には差があります。不足是正のために，追加資源を必要とする組織もあります。成果に対するコストの比率が高まり生産性が低下します。これが生産性の違いです。

生産性は，行政組織で考えがちな縮減や効率性の向上の取組みとは異なります。生産性は，仕事の仕組みや相互の関連，そこで働く人たちの活動のあり方，組織体制の巧拙といったマネジメント力の差でもあります。

ドラッカーは，「生産性の向上（資源の有効活用＝コスト比率の低下）が，組織が成果をあげ，国民が生活水準の向上をあげるための鍵とします[1]。医療コストの爆発は，病院の生産性を大幅に向上させることでしか食い止めることはできない」[2]とし，住民生活における生産性向上の重要性を指摘しています。それには，より賢く働くことが必要[3]とします。

生産性が低い状態が続くことは，行政組織の成果不足と社会資源の浪費になります。行政組織の社会的責任が問われます。生産性に関する深い認識が必要です。

◆**生産性の重要性**

　ドラッカーは，「生産性とは，最小の努力で最大の成果を得るための生産要因間のバランス」*4 とします。つまり，経営資源の投入と成果に関して下記の事項を考え，投入した資源と比較して成果の割合を大きくする手立てを考えることです。住民に価値あるものを提供できるかです。
　①知識の活用：成果の達成に向けた資源の活用と組み合わせを考える。
　②強みの活用：組織の特有の能力（強み）と限界を考慮する。
　③指標の活用：生産性の成果を把握する複数の方法を考える。
　それは，成果に対して投入する資源の比率を最適にする複数の組み合わせを意味します。住民の自助に結びつかない縦割福祉政策，住民の利用がない大型公共施設，人材開発が伴わない新規政策などは，生産性向上の妨げになります。手にする経営資源の強みを活用し，諸活動間の時間とつながりのバランスを考え，複数の指標で成果を測定しながら最適な成果を実現します。

2. 生産性向上の6つの要因と5つの方向

◆**生産性に影響を及ぼす6つの要因**（P.89の図参照）

　生産性というと，かつては職員の一人当たりの生産量を高めることでした。ドラッカーの生産性の考え方はこれとは異なります。会計的な資源である労働や資本や原材料に加え，知識を中心とした以下の6つを，生産性に影響を与える要因*5 とします。これら6要因を考慮した生産性を定義し，部分の生産性の検討ではなく，全体最適を意識した生産性の目標を設定します。
　①知識の使い方：知識は目的に則して適用したとき，最も生産的な資源になる。地域密着したマーケティングやイノベーションでの独自の知識が，政策の成果を大きくし生産性を高める。
　②時間の使い方：時間は最も消えやすい資源である。計画性に乏しい仕事は，必要以上の時間の投下になる。活動の多くは，時間を継続して活用した場合は生産性があがる。細切れの時間は成果に結びつかない。

③政策の組み合わせ：同じ資源でも政策（政策・施策・事務事業）の組み合わせで，その成果と住民の評価が異なり生産性に影響する。政策の適切な組み合わせを考える。
④プロセスの組み合わせ：内製と外注，業務プロセスの内容，住民の参画と協働の有無などで生産性は異なる。自組織のノウハウや組織の特性，住民や社会の状況を活用した取組みを考える。
⑤自らの強み：自組織とマネジメントの特徴や強みを活用し，かつ限界を知って政策に取り組むことが，生産性を左右する。
⑥組織構造の適切さ及び活動間のバランス：組織構造に未整備があると，意思決定の遅延や先送り，組織内の統合力の不足などが発生し，組織活動を低下させる（P.102参照）。

◆知識の活用が重要

　生産性は産出と投入の関係で変動し，その方向は5つあります（右図参照）。その1つのグループは，産出を増大させる方向です（右図の①②③）。住民ニーズを把握し，その対応は新公共サービスの創造を志向し，住民の創造をめざします。マネジメントの基本機能であるマーケティングとイノベーションを活用し，投入した資源を産出の増大に結びつけ生産性を高めます。

　もう1つのグループは，投入を最小にする方向です（右図②④⑤）。ハード面では，最新設備への更新や新技術の導入で生産性を高め，投入の最小をめざします。またソフト面では，知識を仕事に適用して仕事の仕組みや手順を改善します。さらに，政策活動全般にマネジメントを適用して仕事を生産的なものにして，職員の行動と資源の活用度合いを高め，投入の最小を実現します。

　他に，両者の組み合わせから機会に対して投入を増やし，成果を投入増加以上にすることで生産性を高める取組みもあります（右図の①）。

　つまり，生産性の向上とは，公共サービスの創造と提供において，マーケティングやイノベーション，生産性に関する知識をその仕事に適用し，創意と工夫によって価値あるやり方を産み出す能力のことです。職員や行政組織が自

5つの生産性向上の方向

生産性に影響を与える要因

| 知識 | 時間 | 政策 | プロセス | 強み | 組織構造 |

生産性に関する目標設定

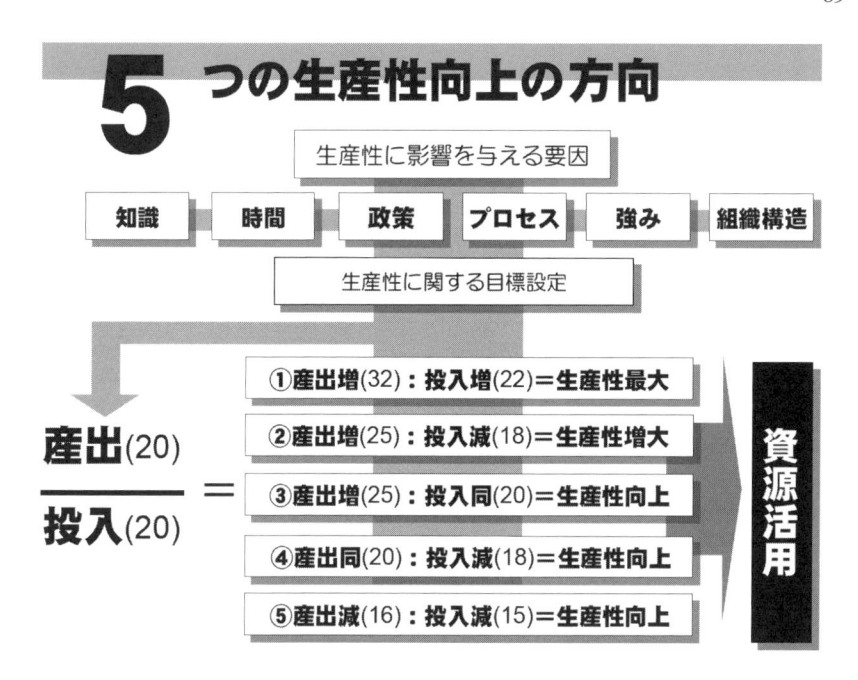

$$\frac{産出(20)}{投入(20)} = \begin{cases} ①産出増(32)：投入増(22)＝生産性最大 \\ ②産出増(25)：投入減(18)＝生産性増大 \\ ③産出増(25)：投入同(20)＝生産性向上 \\ ④産出同(20)：投入減(18)＝生産性向上 \\ ⑤産出減(16)：投入減(15)＝生産性向上 \end{cases}$$

資源活用

ら保有する知識を活用する能力が，生産性向上の決め手になります。

■■■実践に向けての職員の視点■■■

部　長：【生産性の概念を改める】税金や資源は成果のためにある。ムダの削減は当然だが，効率に偏重しがちな我々の生産性の概念を改めなければならない。効果と効率の両立をめざす生産性向上は，職員と市役所の重要課題である。

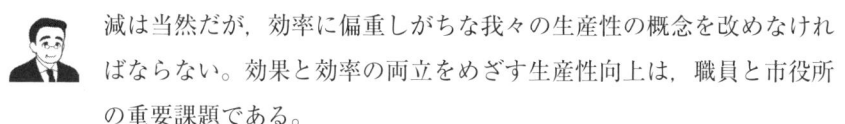

主　査：【知識を活用して賢く働く】生産性の向上は，マーケティング，イノベーション，生産性に関する知識を活用して，賢く業務に取り組むことである。産出の効果性→投入の効率性の順で考え，産出÷投入の比率を高め住民から評価される成果をあげる。効果がないことを効率的に行うことに意味はない。

10 職員の強みを発揮する人事の4つの原則と個人の5つの習慣　強み

学習のポイント

ここからは、マネジメントの2番目の役割である、生産的な仕事を通じて働く人に成果をあげさせる内容になります。行政組織が成果をあげるには、普通の職員の「強み」を、最大限に発揮させる体制づくりが重要です。

1. 職員の強みを発揮させる4つの原則

◆資源の総計を超える成果を出す

組織は人の強みを発揮させる仕組みです。ドラッカーは成果をあげるには、「弱みを最小限に抑えることではなく強みを最大限に発揮させることである」[*1]とします。現メンバーに最高の貢献を求め、その実現を「強みを活用」することで可能にし、組織の成果を投入した資源の総計を超えるものにします。

人の強みを発揮させることは、成果をあげる組織をつくる最大のポイントです。さらに成果の実現を通じて、「いきがい」や「自己実現」にもつながります。マネジメントには、人の強みを全力で引き上げ、貢献できる範囲を広げる責任があります。これを実現する人事には4つの原則があります。

◆強み活用の4つの原則[*2]

(1) 仕事を適切に設計する。

仕事は職員が成果をあげて自己実現をなし、組織や社会に貢献できる重要な手段です。仕事はなすべき目的に則して客観的、論理的に設計し、結果は成果という客観基準によって評価できるようにします。人にあわせて仕事を設計すると、その人だけしかできない仕事になり、組織の成果を不安定なものにしま

す。ドラッカーは「指揮者は一人の演奏家を受け入れるために，楽譜を書き直したりはしない」[*3]の例をあげ，目的中心の仕事の編成を強調します。

しかし，それが普通の職員にはできない仕事では意味がありません。十分な仕事をしてきた職員ができない仕事は見直します。仕事を評価する基準は，普通の職員が十分な成果をあげられるかどうかです。

(2) 仕事は多くを要求する大きなものにする。

仕事は，各自が強みで成果をあげられるよう，大きくかつ多くを要求するものとして設計します。背伸びが必要な大きく設計した仕事を職員に任せることで挑戦を促し，可能性を引き出し，変化した状況でも新しい要求に対して能力を発揮できるようにします。ドラッカーは「仕事は，常に最大の責任と最大の挑戦を伴い，最大の貢献を可能にするものでなければならない」[*4]とします。小さく設計した仕事は，職員と組織の成長を妨げます。

(3) 仕事は強みのある職員ができるようにする。

人の配置においては仕事が要求するものではなく，強みのある職員が可能なことからスタートします。下記の事項を知り，目的に沿って設計した大きな挑戦的な仕事に人の強みを配置します。人が育ち成果があがります。

①よくやった仕事は何か（強みを活かせるか）。
②よくできそうな仕事は何か（より大きい成果が出せるか）。
③強みを発揮するのに必要なことは何か（継続的な学習や支援は必要か）。

(4) 弱みは我慢する。

強みを手にするためには弱みを我慢します。その人に強みあり→強みと仕事は関係している→成果は重要かを問いかけ，答えが「イエス」であれば，その職員に仕事を任せます。成果が得られます。

成果をあげる組織とは，人の強みを活かす組織です。それは職員の自己実現にもつながります。職員の弱みを気にすることは，機会ではなく問題に焦点をあわせていることになります。成果は機会からしか誕生せず，組織の外の機会と人の強みが合致することで実現します。弱みの改善は，その強みの発揮を著しく妨げるときだけです。

2. 個人の強みを発揮させる5つの習慣

◆現資源から多くの成果を得る

　機会を中心に仕事を考え，その仕事について強みをもつ職員を探し，高い水準の仕事を求めることが，成果をあげる行政組織を創造する最善の道です。成果をあげられない職員には異動を検討します。それはその仕事があわなかったというだけで，他の仕事にもあわないということではありません。組織は，一人ひとりの強みを通して仕事がなしとげられるよう，最大限の試みを継続的に実施します。

　特に成果不足で資源の調達増が困難な行政組織は，手元にある資源からの産出を増やさなければなりません。ドラッカーは，職員が成果をあげる方法論であるマネジメントを修得することが，現資源からより多くの優れたものを産み出す唯一の方法とします。マネジメントは強みを成果に結びつけるための道具です。

◆成果をあげる5つの習慣

　ドラッカーは，人の頭の良さがその人の成果に結びつくことは希とします。成果をあげることは1つの習慣で誰もが身につけられるとし，次の5つを紹介しています（右図参照）。知識という内発的な資源を保有する職員には，このような自己マネジメントが大切です。詳細は5章で学習します。

　①時間管理：何に自分の時間がとられているかを把握する。浪費要因を除去し，残された時間をまとめて重要な仕事にあてる。
　②貢献追求：外への貢献に焦点をあわせる。効率ではなく成果に目を向け，成果は何かから開始する。マーケティング能力が発揮される。
　③強み活用：強みを基盤にする。自分，上司，同僚，部下の強みを活用する。強みで個人の自己実現と組織の機会を結びつける。
　④集中徹底：強みを重要な機会に集中させる。過去を廃棄し，優先順位を決め，それを守るよう自らを強制する。

2章 **マネジメント基本編** 組織を通じて成果を実現するマネジメントの基本手順と内容

成果を大幅に改善する5つの習慣

自らをマネジメントする

1. **時間管理**：ムダな時間を省き、残りの時間を調べて体系的に活用する。
2. **貢献追求**：外部への貢献に焦点をあわせる。期待されている成果から考える。
3. **強み活用**：自分と関係者の強みから考える。弱みは無視する。
4. **集中徹底**：優先順位を決めて強制し、行うべきことに集中する。
5. **意思決定**：正しい手順で意思決定を行い成果をあげる。

→ **現職員からの産出を大幅に増やす**

⑤意思決定：組織各層で成果をあげる意思決定を行う。決定とは、手順の正しさである。数多くの決定を手早く行うことは間違いである。

人が成果をあげるには、成果への貢献に焦点をあわせ、強みを基盤として、なすべきことを決定してそこに集中し、時間を管理して仕事を行います。

■■■実践に向けての職員の視点■■■

課　長：【仕事の改善】これからは資源の調達増は期待できない。現職員の強みを活用して現資源からの産出を増やす。そのために仕事内容を再編し、成果に向けて貢献と責任がもてる、個人の強みが十分に発揮できる仕事にする。それは働く人のやりがいにもつながる。

職　員：【成果をあげる方法の修得】福祉の専門知識の学習には努力してきたが、それを地域の成果に結びつける方法の習得にはあまり関心がなかった。我々には、成果をあげる5つの習慣の習得が必要である。

11 職員から最高の仕事を引き出す 8つの動機づけ条件　動機

学習のポイント

　社会の機関である行政組織には，意義ある福祉の実現が求められています。それには，職員がその重責を担うといった「責任」を引き受けるための条件整備が必要です。それが職員から最高の仕事を引き出すことになります。

1. 職員に責任をもたせる8つの条件

◆必要な動機づけ

　行政組織の「最大の資産」は，組織最大の強みである専門知識を保有する職員です。組織成果の違いは職員の能力発揮に起因します。専門知識をもつ職員から最高の仕事を引き出す動機づけの仕組みは，行政組織の成果に影響します。

　しかし，硬直的な人事諸制度，不十分なフィードバック，形式的な教育など課題もあります。知識の時代で統制命令型のマネジメントが役割を終えた今日，リーダーの役割を担う人は，職員を内からの動機づけで，仕事が立派に行えるようにする責任があります。

　ドラッカーは，人への動機づけとして，満足や金銭ではなく「責任」をあげます。人が仕事で成果をあげるには，仕事と成果について責任をもたなければなりません。その責任を負うには，仕事と成果そのものについて「やりがい」と「自己実現」が伴わなくてはなりません。

　ドラッカーはこれに関する取組みを，いくつかの著書で提示しています。それを仕事の手順に則して整理すると，次の8つの条件になります（右図参照）。マネジメントに取り込みます。

2章　マネジメント基本編　組織を通じて成果を実現するマネジメントの基本手順と内容

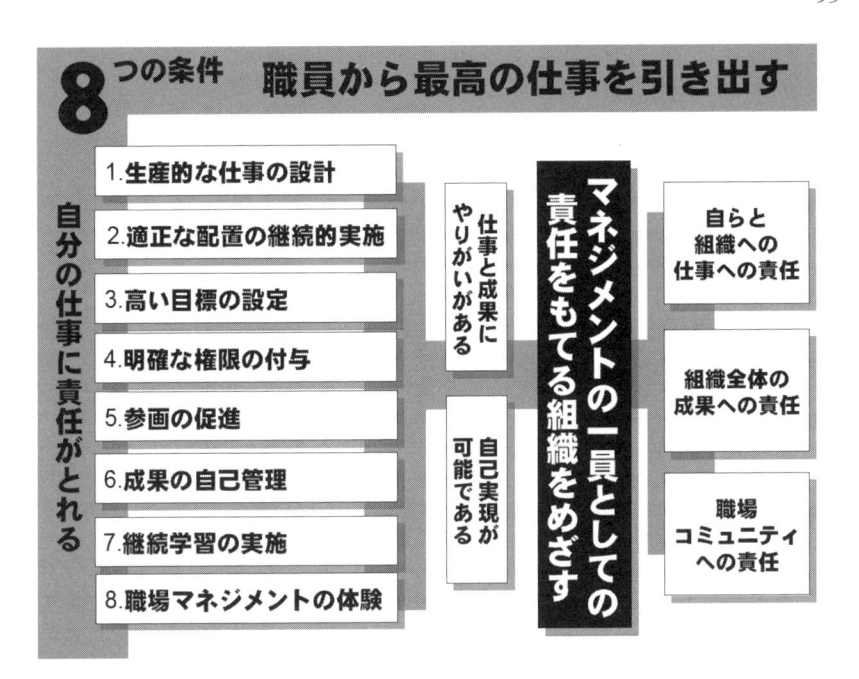

8つの条件　職員から最高の仕事を引き出す

自分の仕事に責任がとれる
1. 生産的な仕事の設計
2. 適正な配置の継続的実施
3. 高い目標の設定
4. 明確な権限の付与
5. 参画の促進
6. 成果の自己管理
7. 継続学習の実施
8. 職場マネジメントの体験

仕事と成果にやりがいがある

自己実現が可能である

マネジメントの一員としての責任をもてる組織をめざす

自らと組織への仕事への責任

組織全体の成果への責任

職場コミュニティへの責任

◆8つの条件[*1]

(1) 仕事を生産的なものにする。

仕事を分析し，それを住民に役立つプロセスとして設計し，方向づけや評価などの管理手段を組み込み，ツールを用意して，仕事を生産的なものにします。人に責任をもたせるには，仕事自体に意義とやりがいが必要です。

(2) 最も適した仕事に配置する。

仕事のために人を組織することは，人を最も適した仕事に配置することを意味します。配置は，人が生産的な存在となるか，組織の力を増大させるか，仕事で自己実現を図れるかを決めます。配置に関わる決定は，対象者のニーズを把握し，その人の強みが成果に結びつくようにする継続的な点検が必要です。

(3) 高い目標を設定する。

仕事についての高い基準の要求は，仕事と自己実現に誇りをもたらします。目標は，職員自身が最高水準に焦点をあわせ，上司とともに設定します。この

実現には，上司自身の職務への高水準の取組みとその実現が必要です。

(4) 明確な権限を与える。

仕事を決め，配置し，目標を設定し，重大な意思決定をして成果をあげるには，現場に可能な限り大きい明確な権限と責任を集中します。危機も含めた様々な事態でも，責任をもって最適決定ができるようにします。

(5) 参画させる。

職務設計では，現場で仕事をする職員を，最初の段階から参画させます。参画した職員の知識，経験，ニーズを職務に取り入れ，仕事を最適なものにします。また職務設計への参画は責任感の醸成になります。

(6) 成果をフィードバックする。

責任をもつためには，自らの仕事の成果を評価し改善する自己マネジメントが必要です。成果に関する情報を，本人にフィードバックする仕組みを構築し，自己マネジメントができる環境を準備します。行動の結果に責任をもつようになります。

(7) 学習を継続して実施する。

仕事を生産的なものにし，成果をあげるに必要な学習を継続します。新しい知識の取り入れは，自分と仲間の仕事の改善と同時に，イノベーションへの抵抗と陳腐化する危険解消にも貢献します。

(8) 職場コミュニティを現場当事者の自治で行う。

研修の調整やレクレーション活動などは，職場のコミュニティに任せます。そこでリーダーシップを発揮する機会を得た部下は，マネジメントとは何か，その責任とは何かを学ぶ機会を得ることになります。

こうして職員の責任感はつくられます。今後，組織は職員が自ら行動の成果に責任をもつパートナーの立場につく組織をめざします。その責任とは，①自らと自らの作業集団の仕事への責任，②組織全体の成果への責任，③職場コミュニティへの責任です[*2]（前ページの図参照）。仕事に責任をもてる仕組みを構築します。

2. 経済的な動機づけと働く意欲

　ドラッカーは，経済的な報酬は現代では積極的な動機づけの主たる要因ではない。その不満は仕事に対する阻害要因にはなるが，最高の報酬さえ，責任や仕事の適切な組織化に代わることはできない[*3]とします。「報酬による方向づけ」は，組織の目標とは異なる方向に人を誘導します。最善の報酬システムでも，極端な成果志向になるなどの危険があります。

　ドラッカーは，人は責任，貢献，自己実現を欲する存在であることを前提とします。人には，自らの能力や才能を最大限に発揮する場，成長の機会と最高の仕事を得る場が必要です。マネジメントには，それが実現する環境をつくりあげ，それを維持する役割があります。上記の8つの条件を活用します。

■■■実践に向けての職員の視点■■■

職　員：【我々には条件が揃っている】仕事に責任をもつことが，やりがいと仕事の成果を両立させる。公務に携わる公務員には，①意義ある公務への責任（やりがい）と，②エグゼクティブとしての成果への責任（自己実現）があり，価値ある福祉の実現を可能にする動機づけの条件が揃っている。だが成果が少ない。

係　長：【具体策が多い】リーダーの役割を担う人は，組織づくりに8つの条件を活用し，職員を最高の仕事に動機づける。特に配置は重要である。これら条件に関連した手段は，業務設計，人事考課，目標管理，自己啓発制度など多い。具体的に取り組める領域である。

課　長：【株式会社の社員として】他の自治体では，プロジェクト，改善活動，研究会，出向などで，マネジメント経験ができる環境を用意し職員を鍛えている。地元企業と株式会社を設立し，そこに職員を派遣して黒字化を達成し，自立に向けて次世代型の職員を養成している自治体もある。負けてはいられない。

12 職員の卓越性を発揮させる 4つの行動規範

規範

◯学習のポイント◯

マネジメントの仕組みを構築し，そこで働く職員の強みを探し出し，モチベーションを高める体制を整備することで，目的を達成する最高の行動を引き出す準備ができます。後は，それを具現化する行動規範が必要です。

1. 投入以上の成果を引き出す組織文化

◆凡人を非凡にする

一人の優秀な人材に頼る組織は長続きしません。ドラッカーは，「凡人をして非凡なことをなさしめる」[*1]ことを組織の目的とします。組織の多くは普通の人の集まりです。よって組織の良否は，お互いの強みを認め合い，強みの結合で能力以上の力を発揮し，普通の人が優れた仕事をなしとげられるかで決まります。普通の人の強みを活かす様々な取組みが，働く人たちを動機づけ，勇気づけ，彼らの最善の行動を引き出し，大きな成果を組織と社会にもたらします。

◆組織の文化

この組織で働く普通の人に大きな成果をもたらすものに，ドラッカーがリーダーシップの素地とした使命に基づく「組織の文化」「成果中心の精神」があります。それは，人のできることに焦点をあわせます。組織全体の能力と仕事ぶりを絶えず向上させ，投入した資源以上の成果を産み出します。これが可能になるのは人の精神に関する領域だけです。

ドラッカーは，「この優れた文化を実現するために必要とされるものは行動

凡人を非凡にする組織の文化

4つの行動規範
1. 組織の焦点を成果にあわせる。
2. 組織の焦点を機会にあわせる。
3. 人事は組織の信条で行う。
4. 真摯さは絶対条件とする。

→ 成果があがる組織風土をつくる →
- 強みを引き出し能力以上の力を発揮させる。
- 組織全体の能力と仕事の絶えざる向上をもたらす。

規範である。強みの重視であり、真摯さの重視である。正義の観念と行動基準の高さである」[*2]とします。

確かに、福祉と経済性で成果を出している次世代自治体には、強みや真摯さ、正義を参考にした独自の行動規範があり、それを歴代の首長が根気よく浸透させ、職員と行政組織の成果に大きく貢献しています。

2. 卓越性への動機づけをもたらす4つの行動規範

◆4つの行動規範[*3]

ドラッカーは、優れた組織の文化を確立するには、行動規範の基盤に真摯さをおき、次の4つの行動規範を必要とします（上図参照）。それは口先ではない、現実の行動の原理であり、卓越性への動機づけをもたらすものです。

（1）組織の焦点を成果にあわせる。

健全な組織になるには、成果と仕事に高い基準をもつことです。社会が評価する成果の実現を掲げ、仕事を生産的なものにし、そこに強みを生かし投入以上のものを産み出します。次の行動に注意します。

①無難や平凡な仕事をほめることはしない。ことなかれ主義が蔓延し組織の活力を大きく損なう。大事なことは成果を求めて進むこと。
②目標を低く設定する職員，仕事ぶりが基準に達しない職員は，十分な配慮で別の適した仕事か易しい仕事に移す。
③間違いや失敗をしたことがない人を高く評価しない。横並びを成果とし，弱みがないことを強みと誤解する。さらに，間違いを発見しそれを直す方法がわからない。優れた人ほど新課題に挑戦して間違いを起こし多くのことを学ぶ。

（2）組織の焦点を機会にあわせる。

組織の成果は，職員すべてが達成すべき目標を高く明確にし，問題より庁舎の外の機会を重視し，そこに自らの強みを集中させることで得られます。組織の焦点を，外の機会に向けることを徹底します。

（3）人事は組織の信条と価値観に沿って行う。

採用から解雇までの人事に関する決定では，組織が望むこと，重視していること，評価したいことに沿って行います。真摯さのある人への処遇には，人間的な配慮が必要です。

①昇進は成果に基づいて行う。仕事の成果に焦点をあわせた明確な基準で体系的な評価方法を実行し，支援や教育などに活用する。
②評価は上司の重要な仕事である。昇進の決定は，一段上位のマネジメントによって確認する。個人に関わる重要な決定は，それを行う人の権限を明記した基準で上司とともに行う。評価される側には，評価内容について調整を求める権利が必要である。
③報奨と報酬を活用する。要求以上の優れた仕事をした職員は評価する。評価には社会的地位と誇りに関する報奨もある。

◆**重要な真摯さ**

（4）人事においては，真摯さを絶対の条件とする。

人事では人格的な真摯さを評価します。右記の人[*4]は選びません。別の道

を用意します。間違えると組織の文化を破壊します。リーダーシップは真摯さによって発揮されます。部下となる人すべての範にならない人を，高い位置につけることはできません。ドラッカーは「知識があり聡明であって上手に仕事をこなしても，真摯さに欠ける人は組織を破壊する」[*5]とします。

①人の強みではなく，弱みに焦点をあわせる人をマネジメントの地位につけない。人の強みを見ない人は組織の文化を損なう。
②「何が正しいか」よりも「誰が正しいか」に関心をもつ人を昇進させない。大事なのは人ではなく組織目標との一致である。
③真摯さよりも頭脳を重視する人を昇進させない。人として未熟である。
④有能な部下を恐れる人を昇進させない。マネジメントの学習が必要である。
⑤自らの仕事に高い基準を定めない人も昇進させない。

■■■実践に向けての職員の視点■■■

主　査：【次世代自治体では】神奈川県のR市では，行政経営理念と行動規範を策定し，職員に，なすべきことに強みを適用することを奨励している。特に透明性と自由闊達な組織風土の醸成に力をいれて，「内部告発にも耐えられる住民本位のしなやかな組織」をめざしている。

主　任：【次世代自治体では】埼玉県のS市では，4つの行動規範を参考にして住民への貢献，自らの挑戦，外での成果を規範として設定し，リーダーが率先して現場で実践することで，活力ある組織を実現している。

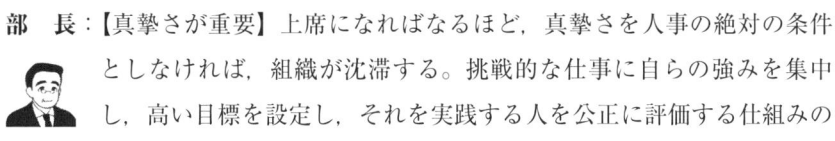

部　長：【真摯さが重要】上席になればなるほど，真摯さを人事の絶対の条件としなければ，組織が沈滞する。挑戦的な仕事に自らの強みを集中し，高い目標を設定し，それを実践する人を公正に評価する仕組みの構築と組織文化を醸成しなければならない。

13 組織設計の7つの要件とこれからの組織構造

組織

学習のポイント

ドラッカーは全ての体制を整備しても，組織構造が間違っていればマネジメントが優秀であっても優れた成果は得られないとします。成果に結びつく組織のあり方を検討します。

1. 不健全な組織の7つの兆候

ドラッカーは不健全な組織の兆候は指摘できるとして，下記の7つを明示し組織の構造を検討すべきとします[1]。

（1） 階層が増加する組織→階層の減少

階層の増加は，意思決定を遅らせて環境対応を不適にします。相互理解を困難にして組織活動の一貫性を損ないます。現場で動く人が不足してしまいます。階層は少なく指揮系統は短くすることが原則です。

（2） 組織問題が多発する組織→正しい分析による改善

解決方法が表面的か実態に適合していません。組織目的の確認，実態の正しい把握，基本と原則に基づいた組織の検討を行います。

（3） 戦略に基づかない組織→戦略志向の徹底

組織構造は，重要な問題，重要な活動，成果，業績に対して，重点的にマネジメントができるようにします。中心となる人が，戦略に基づいた重要な仕事に集中できるバランスのとれた組織を検討します。

（4） 会議が増加する組織→成果による調整

会議は責任逃れの言いわけにもなります。成果で仕事の判断ができるようにします。人が集まることは最小限にする原則を徹底します。

(5) 他人への感情的配慮のしすぎる組織→成果に基づいた関係構築

仕事と比較して人が多すぎると関心が内部に向き，人に気を使う組織になります。優れた人間関係は成果の出せる仕事を通じて自然と生まれます。

(6) スタッフが増加する組織→直間比率の適正化

仕事が細分化されすぎ，仕事と成果のバランスがとれていません。助言活動は最小にし，外の成果に関連した仕事を担う人が多くなる組織を編成します。

(7) 組織変更の多い組織→戦略との連動

完全無欠の組織はなく，ある程度の摩擦，不調和，混乱は覚悟し，安易な組織改革はしないようにします。組織変更の原則は戦略との連動です。

2. 組織の7つの設計要件と責任型組織

◆明瞭でシンプルに

ドラッカーは，組織の基本形態を6つの型に分類し，これらの組織構造が満たすべき要件を，以下の7つの設計仕様として明らかにしています[*2]。組織を設計する際に活用します（次ページの図参照）。

(1) 明晰さがある：役割が明確な組織

組織マニュアルなしでは，情報，協力，意思決定で必要とするものが，すぐに手に入らない組織構造は，無用の摩擦，時間の浪費，論争や不満，意思決定の遅れをもたらします。お互いの役割と関連が明確な組織構造にします。

(2) 経済性がある：指示や管理が少ない組織

成果に向けた人の方向付けや，評価といった組織の内側に向けられる資源は少ないほど経済的です。優れた組織構造は，指示や命令の少ない外部に基準をあわせて自らをマネジメントし，自らを動機づけられる組織です。

(3) 方向づけ：成果に目を向ける組織

組織とは人の活動を成果に転換する装置です。活動の目的を使命による成果とし，人や組織単位の関心を努力ではなく成果に向けるようにします。無難ではあるが成果のないものを廃棄し，未来のために機動的に動けるようにします。

組織の設計仕様とこれからの組織

最低限満たすべき7つの要件

	要件	説明
1.	明晰さ	役割が明確な組織
2.	経済性	指示や管理が少ない組織
3.	方向づけ	成果に目を向ける組織
4.	理解容易	仕事が明確な組織
5.	決定容易	各層で決定が可能な組織
6.	安定適応	バランスのとれた組織
7.	永続革新	学習と成長が可能な組織

6つの組織構造に適用

- 職能別組織
- チーム型組織
- 分権型組織
- 疑似分権型組織
- システム型組織
- **責任型組織**

(4) 理解の容易さ：仕事が明確な組織

自らに与えられた仕事を容易にできるようにします（明確な定義，なすべきことが明確）。また，組織全体の仕事を理解できるようにします。それは自らの仕事の組織全体での位置づけ，全体の仕事から自らの仕事の役割が理解できることです。組織内のコミュニケーションを高めます。

(5) 意思決定が容易：各層で決定が可能な組織

意思決定プロセスを，問題に対して適切なレベルで決定して行動し，成果に結びつくようにします。決定の多くが上位でなされる組織や決定を確認できない組織は障害になります。

(6) 安定性と適応性：バランスのとれた組織

組織構造には，日常的な業務や人との関係といった安定的な領域が必要です。同時に新状況，新要求，新メンバーに適応できる能力も必要です。この安定性と適応性のバランスが必要になります

（7）永続性と自己革新が容易：学習と成長が可能な組織

　明日のリーダーは内部から調達できるようにします。有能な人が若いうちにマネジメントの経験ができるようにし，より上位の挑戦が可能なようにします。組織自体も新しいことへの受容性を高めます。

◆知識の時代の各自が責任を担う責任型組織

　ドラッカーは，以上の設計要件を適用する組織構造として，6つの基本型を明示しています（左図参照）。この中で専門家が中核的な役割を果たす知識社会で有効な組織構造は，責任型の組織とします。

（1）責任を負う。

　責任型組織は，高度な専門知識と技能をもつメンバーで構成します。上司が，専門家である部下の仕事内容を知らないケースが普通のようになります。メンバーは，自らの専門領域については組織内で一番よく知っていることから，目標，貢献，行動については責任を負うことになります。

（2）貢献を考える。

　常に組織に対して自分ができる最大の貢献を考えます。自らの目標を組織全体の目標に合致させ，自らの目標，自らの優先順位，そして自らが行おうとする貢献について，上，下，横の関係者に知らせる責任があります。自己の仕事のマネジメントは，成果から目標へのフィードバックによって行います。

（3）全員が経営幹部[*3]となる。

　知識組織においては，全員が責任ある意思決定者として行動し，全員が自らを「経営幹部」と位置づけます。責任と貢献が重要になります。自分の専門的な仕事に責任をもつとともに，全体の成果にも貢献します。めざすべきは，行政組織に働く職員全員を，責任と貢献を徹底的に考える存在にすることです。マネジメントに関するこれまでの学習内容を組織にすり込みます。

14 体系的廃棄による現資源からの総成果の増大

廃棄

学習のポイント

政策，人，組織に関して，万全の準備をして実行し成果を実現します。しかし環境は変化します。組織活動のすべてに改廃統合が必要になります。この改廃の仕組み構築が，常に新しいものを創造する成長戦略の前提になります。

1. 体系的廃棄の必要性とその方法

◆廃棄の必要性

変化と創造の知識社会では，新機会が次々と発生することと並行して，既存の政策や方法の陳腐化も急速に進行します。よって環境への適応は，既存政策・方法の組織的な見直しと廃棄，新機会への対応戦略が基本になります。

その鍵となるのが体系的な廃棄です。成果を期待できない政策分野から資源を引き上げます。自らの強みを発揮できる成長分野を探し出し，機会のあるところにその資源を移します。つまり単なる廃棄ではなく「創造的廃棄」です。それが現在の既得権者の痛みを伴うものでも，地域社会を健全に維持して，将来世代に引き渡すためには必要なことです。

ドラッカーは，この体系的廃棄なしでは「全精力が昨日を防衛するために注がれる。そして誰も，明日をつくるためどころか，今日を開拓するために働く時間も，資源も，意欲ももちえないことになる」[*1]とします。

実際，既存政策の廃棄なくして新規政策を実施しても，資源の配分が分散されることから成果は投入以下になり，浪費と組織肥大の原因になります。新規政策への取組みと体系的廃棄は一対のもので後者が先です。

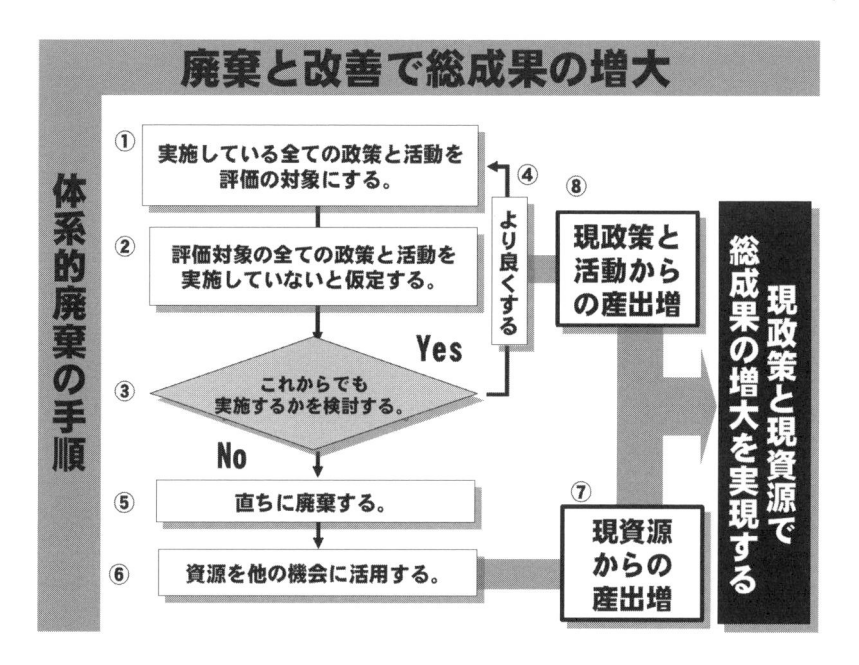

廃棄と改善で総成果の増大

体系的廃棄の手順

① 実施している全ての政策と活動を評価の対象にする。
② 評価対象の全ての政策と活動を実施していないと仮定する。
③ これからでも実施するかを検討する。
　Yes → ④ より良くする → ⑧ 現政策と活動からの産出増
　No → ⑤ 直ちに廃棄する。
⑥ 資源を他の機会に活用する。 → ⑦ 現資源からの産出増

→ 現政策と現資源で総成果の増大を実現する

◆体系的廃棄の方法と基準

　既存の浪費を排除し成長余力を確保するには，自らの政策や仕組・制度・施設・サービス・プロセス・方法のすべてに，定期的な廃棄を実施します（上図参照）。①廃棄の検討の対象を，②「まだ実施していない」と仮定します。そこで，③「今からでも実施するか」を問いかけます。下記の3つの基準を[*2]参考にして答えが「No」であれば，⑤直ちに廃棄します。

　⑥廃棄により確保できた資源を成長可能な機会に振り向け，⑦現資源からの産出増をめざします。「Yes」になった政策や活動には，④内容の改善を検討し，⑧現政策と活動からの産出増を実現します。こうして現資源からの産出増と現政策と活動からの産出増を通じて，総成果の増大をめざします。

- 維持の理由が対象の寿命がまだ数年ある：廃棄を検討。人は成果が期待できない場合でも，使いなれたものは過大評価する。維持の資源もかさむ。
- 維持の理由が対象が償却済みである：廃棄を検討。償却は帳簿上のこと。

大事なのは実現すべき成果に貢献しているかである。
- 維持の理由が昔の施設にある：昔の政策・制度，施設などが，これから成功させるべき政策・制度，施設などを邪魔する場合は廃棄する。

2. 行政組織の体系的廃棄上の課題

◆開始した政策は自分では止められない

　社会は変化しあらゆる活動が陳腐化します。しかし，この事実を無視しがちなのが行政組織です。ドラッカーは，一度開始したことを，自分では止められないのが行政組織の特性とし，「政府の計画や活動も，他の組織の計画や活動と同じように急速に古くなる。だが，政府機関においては，それらは永遠の存在とみなされるばかりでなく，政省令によって構造化され，議会の族議員と結びついて既得権と化していく」[*3]と指摘します。それが多くの行政活動を時代遅れにし，住民・国民の資源を浪費し，今日の地方と国の困窮と疲弊をもたらしています。

　事実，昨日を切り捨てている行政組織は多くはありません。住民や議会の反発と行政自身の自覚のなさから，既存制度の見直しや廃棄は形式的になります。価値がなくなった仕事に，税金と労力を費やすことになります。

　このため，明日のために必要な資金と人材の入手も，未知でリスクがある新政策を考える時間の確保もできません。廃棄なき行政組織は，ひたすら肥大と浪費を続けます。こうして社会改革の障害になります。

　社会からの自らへの陳腐化を防ぐには，自ら陳腐化を進めるしかありません。それも下降局面の時ではなく習慣的なものにします。

◆意識的な体系的廃棄が必要

　生産的でなくなったものを捨て，現資源と現政策で総成果の増大を実現します。企業以外の組織には特に必要です。企業もそれ以外の組織も社会の機関であること，社会の変化を受けることは同じです。ただ企業には，倒産といった

社会的制裁により、昨日のもの、非生産的なものは、組織存続のために捨てざるを得ません。

しかし、企業以外の組織は、意識的、体系的に廃棄しないかぎり、組織の健全さを保つことは不可能です。事実、行政組織は、治療が難しい重度の浪費・肥大・借金の三大疾病に病んでいます。これまで住民と国民が「勤勉」を旨として築き上げてきた住民・国民生活が、行政組織の三大疾病で崩れかけています。大義（福祉）でも、組織が健康でなければ続けることはできません。廃棄は、リーダーの役割を担う人が率先して取り組むべきものです。リーダーの主要な役割は、「それは、我々の使命ではない」「No：廃棄」と言うことです。

ドラッカーは、有効性が証明できないものを定期的に廃棄することで、行政組織でも創造性は驚くほど刺激されるとします。事実、予算案の検討を政策・施策・事業の廃止から始め、よみがえりつつある次世代自治体もあります。

▰▰▰実践に向けての職員の視点▰▰▰

部　長：【使命を起点にする】ドラッカーは「使命は何か、では何をやめるべきか」を問うべきとする。資源の調達増なきこれからは、現政策と現資源からの総成果の増加が重要。各部に、組織使命の再確認後、政策の統廃合→必要政策の改良→新政策の創造の実行を依頼する。継続的な改革が必要である。

係　長：【資源を活力向上に配分する】「効果はなくはない」「あったほうがいい」といった発想はすてる。廃棄の基準を明らかにし、意義を失った政策や業務から資源を引き上げ、地域活動が向上する分野で活用することを現場に徹底する。

職　員：【業務改善活動を活用する】庁内には政策以外に「旧態依然のやり方」も多い。「ムダ、ムリ、ムラの撲滅」を目標にした業務改善活動で「やり方」の改廃を徹底し、組織自体の動きも最新で俊敏なものにする。

15 組織本来の機能発揮をめざす社会的責任の遂行

社会

○学習のポイント○

マネジメントの役割の3番目が社会的責任です。組織の社会的責任が問われることが多くなりました。行政組織はこの分野については、率先しなければなりません。それは使命に基づき社会的な責任を果たすことです。

1. 組織の2つの社会的責任

◆2つの社会的責任

マネジメントの3番目の役割が「自らの組織が社会に与える影響を処理するとともに、社会の問題の解決に貢献する社会的責任」です。特に行政組織は、住民の負託を受けた、活動の資金すべてを住民に依存する組織です。ここから社会的責任の厳守が強く求められる組織です。その根底には「知りながら害をなさない」姿勢の堅持が強く求められます。

この社会的責任の問題は、組織にとって2つの領域で発生します。1つは、自らの活動が社会に与える影響から生じた責任です。もう1つは、自らの活動とは関わりなく、社会自体の問題として生じる責任です（右図参照）。

◆自らの組織活動によって社会に生じた責任

最初の自らが社会に与える影響については、故意の有無にかかわらずその組織に責任があります。行政組織では、施設からの騒音やエネルギーの過剰使用、大型施設での交通渋滞、各種の法律違反、そして必要以上の過大報酬や各種の特権、特別待遇などが対象になります。

その対応についてドラッカーは、次の取組み事項[*1]を示しています。

最大の社会貢献は自らに特有の機能を果たす

知りながら害をなさない

- 自らの活動から発生する社会問題
  - 故意の有無にかかわらず組織に責任がある
- 社会自体から発生する社会問題
  - ①本来的な役割を逸脱していないか
  - ②能力を超えていないか
  - ③権限が正統なものか
  - ④成果をあげられるか

社会の問題解決を成果と貢献の機会と捉える

①影響の内容を明らかにする。
②可能であれば影響している活動を中止してその影響をなくす。
③影響を除去，又は最小限にし，政策の機会として持続可能な政策にする。
④トレードオフを考え最善の規制を設定する。

まず社会への影響の内容を明らかにします。原因となっている活動をやめて影響をなくすようにします。活動の中止ができなければ，悪影響の除去を意義ある政策に変えるようにします。これが不可能ならば最善の規制を検討します。

◆自らの組織活動とは関わりない社会自体の問題

「少子高齢化」「学力の低下」などの社会自体の問題も，社会の機関である組織には機会になります。社会問題をイノベーションで機会に変えることで社会のニーズに応え，組織にも貢献することができます。しかし，問題の根絶といった対応は，行政組織以外では機会に変えることができない性質のもので

それでも組織は、この問題からも逃げることなく、関心をもつ必要があります。できる限り社会自体の問題の解決を、成果と貢献の機会ととらえるようにします。変化を新しい仕事に転換することは組織の機能です。少なくとも何が問題かを考え、必要な取組みを提案します。それは、現在の組織社会では、組織以外にそれらの社会問題に取り組むべき機関がないからです。

2. 社会的責任とその限界への対応

◆本来機能の追求を優先する

組織すべてが社会の機関です。人の幸せ実現をめざして社会を良くするためにあります。よって組織が社会的な問題に取り組むことは、組織の目的から見て正統なことです。

ただ、マネジメントにとっての最大の責任は、自らの組織に対するものです。優先すべきことはこの本来機能の遂行です。この責任を果せずして、他の責任を負うことは意義あることではありません。

行政組織の場合では、住民満足度が低い組織は住民の創造に支障をきたし、成果をあげている組織とはいえません。人件費比率の高い組織は、人の活用が十分でない可能性があります。莫大な借金を抱えている組織は、現在は乗り切れても将来責任の放棄であり、責任のある組織ではありません。行政組織の本業での成果に支障をきたす行動や状態は、是正しなければなりません。

行政組織は、自らの使命と能力に合致し、問題を政策上の機会とすることができる社会的な課題に関して、イノベーションなどを通じて、何らかの解決方法を見い出す責任があります。本来機能の遂行こそ最大の責任です。

◆行政組織の責任

逆に、社会的責任という謳い文句のもと、能力不足を顧みずに、あるいは正統な権限を逸脱して、本来とは異なる仕事に手を出し、成果をあげる資源を失

うことは無責任です。組織は本業における責任との関連において，自らの能力の及ぶ範囲内において，果たすべき社会的責任とその限界を考えなければなりません。

ドラッカーは，行政組織の社会問題を解決する能力についての疑念が高まっているとします。日本でも，これまでは，社会の問題の多くは行政組織が解決できるとしてきました。しかし現在は，行政組織の長年の成果不足とリーダーとしての真摯さに欠けた不祥事の続出から，その資質が懸念されています。

行政組織は，社会のリーダーとして「知りながら害をなさない」といったマネジメントの姿勢を貫徹します。そこから，社会の1つの機関として，どの分野で自組織の能力を活かすのか，選択した分野の専門機関として，どのような姿勢と責任で臨むべきなのかを，真剣に検討すべき時期にきています。

■■■実践に向けての職員の視点■■■

部　長：【不十分な社会的役割への貢献】自らの存在と活動が，社会に悪い影響を与えることは論外のことである。問題の指摘に対して，最善の努力で対応する責務が我々にはある。行政組織の最大の社会貢献は，自らの特有の使命を果たすことである。最大の無責任は，地域の衰退に歯止めがかかっていないことである。

主　査：【次世代自治体では】自らの活動が影響する社会問題の責任は自らにある。その活動をなくすか事業上の機会とする。省エネ事業や環境基金の創設で，外部専門家や住民と協働して事業化している都下の次世代自治体K市がある。

係　長：【公務員の真摯さ】私たちの活動の前提として，住民から「行政組織や公務員は知りながら害をなすことはない」「最善を尽くすもの」と信じてもらえなければならない。この評価なくして住民の信頼と協働は得られない。

16 成果は大義と経済性の両立による活力向上

両立

学習のポイント

果たさなければならない「大義」は，庁舎の玄関に列をなしています。しかし，手持ちの財源は限られています。今ほど，行政組織に「大義（福祉）と経済性の両立」が求められている時はありません。

1. 大義に浸り成果を重視しない行政組織

◆成果を重視しない行政組織

ドラッカーは，行政組織は目的・使命中心でなければならないとします。続けてその活動や仕組みの評価について，「成果中心でなければならない。活動に見合う成果をあげたかを考えなければならない。資源の配分が適切かを考えなければならない。ムダに働いたのではなかったといえなければならない」[*1]とし，住民起点の成果の必要性を指摘します。目的・使命と成果はコインの裏表です。

しかし，行政組織には経済的な成果を重視しない傾向があります。全国各地で実施された政策・事業レビューでも，自らの政策すべてが大義（福祉）であり，いかなる政策も止める必要はないとした主張もありました。これでは社会により貢献できる政策の選択ではなく，既存政策の実施と維持が目的になります。それに投下する資源（税金）が浪費を続けます。

ドラッカーは，行政のこのような体質について「自分たちの行うことは大義のためのものであって，すべて正しいとする。そのため，成果があがらなくとも，資源を他のものに振り向けようとはいえない」[*2]と成果軽視の行動を指摘します。大義と資源のバランスが求められます。

◆浪費が続く行政活動

　現在，行政組織が担っている政策領域には，深刻でかつ未解決な課題がたくさんあります。毎年相当規模の公金投入が行われます。しかし，投下した公金に見合う政策効果が実現できず税収が減少しています。行政組織は，費用がかかる「浪費・肥大・借金増で成果不足の大組織」と映ります。歳入減，歳出増といった困窮の時代では，これ以上の浪費は社会の致命傷になります。

　行政組織には，大義の持続的な実現とそれに必要な資源の確保が不可欠です。資源は，福祉と経済的な成果が期待できるところに集中して投入し，成果に結びつけなければなりません。

2. 福祉の充実と経済性の両立による社会活力の向上

◆福祉でも成果を出す

　福祉と経済は対立するものではありません。人として尊重される福祉的な社会で生活できるからこそ意義ある仕事に挑戦し，経済的な成果で社会を活力あるものにすることに貢献できます。福祉と経済性は互いに協働して機能するものです。その両立を実現するのが行政組織の使命です。

　行政組織は，住民が必要とし欲するものを提供し，住民の自助的努力で地域社会の安定と発展をめざします。行政すべての政策に，福祉と経済性の目標を設定します。目標達成のために，住民ニーズに基づいて新価値を創造するマーケティングとイノベーションを活用します。仕事を意義あるものにし，職員のモチベーションを高めます。こうして福祉政策を通じて人の活力を，経済政策で企業活動の向上を支援します。ここからの地域活力の再生と創生を通じて，住民が支払う税金の形で財政的な成果を手にします。

　これに必要なことは，すべてマネジメントで学習できます。困窮が続く現在の日本で，住民起点の創造的な活動で，福祉と経済性で成果をあげて社会活力の向上に貢献ができる次世代行政が，求められている時はありません。

◆投入した以上のものを産み出す

　行政組織が成果を定義するにおいては，2つの誘惑[*3]があります（下図参照）。1つは，大義だけを唱え資源成果を軽視することです。大義がすべてになり他の成果を嫌います。だが，大義にも資源投入の成果が必要です。浪費と肥大，借金増で終わる大義では，健全な住民の創造ができなくなります。

　もう1つはその逆で，資源成果だけを強調し大義を軽視することです。支持が得やすいこと，短期で成果のあがることに力を入れます。そのうち，なすべきことが先送りされ長期の成果が消失し，これが浪費・肥大・借金増を加速させて，社会に大混乱を招き入れます。

　行政は，活力のある社会の実現が組織目的です。これには，福祉と経済性の両立を可能にするこれまで学習してきたマネジメントの適用が必要です。

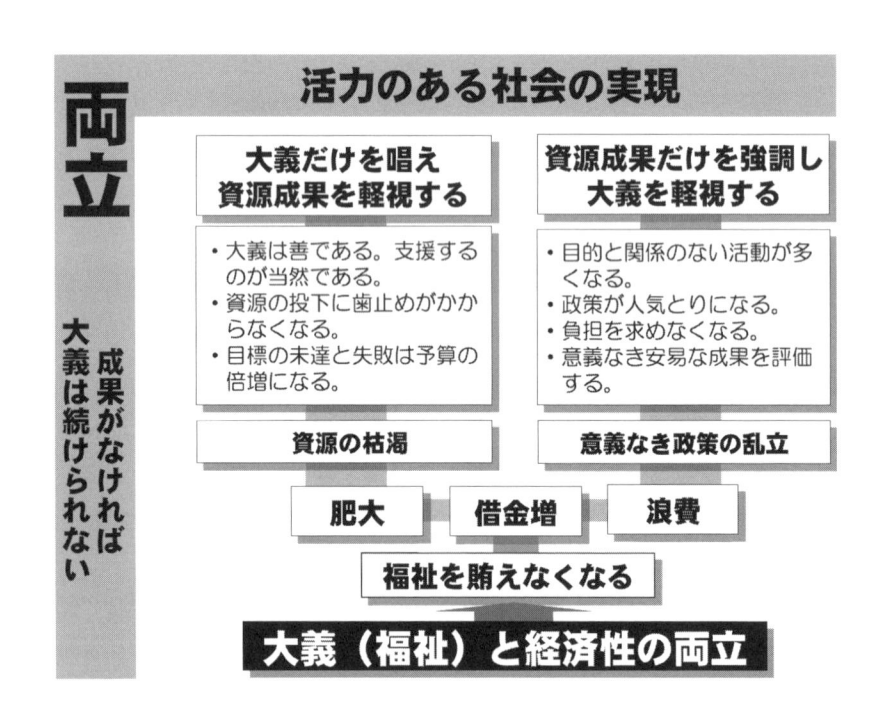

活力のある社会の実現

両立　／　大義は続けられない　成果がなければ

大義だけを唱え資源成果を軽視する
- 大義は善である。支援するのが当然である。
- 資源の投下に歯止めがかからなくなる。
- 目標の未達と失敗は予算の倍増になる。

→ 資源の枯渇

資源成果だけを強調し大義を軽視する
- 目的と関係のない活動が多くなる。
- 政策が人気とりになる。
- 負担を求めなくなる。
- 意義なき安易な成果を評価する。

→ 意義なき政策の乱立

肥大　借金増　浪費

福祉を賄えなくなる

大義（福祉）と経済性の両立

3章 マネジメント政策編

政策・施策・事務事業にマネジメントを適用して総力を結集する

M市のマネジメント改革　（3）総力結集

主任：重要なのは補助要綱の遵守ではなく住民生活に貢献できる政策です。
（マネジメント導入検討会4：[総合企画部]）

◆成果不足の政策形成にマネジメントの基本と原則を適用する

部　　長：庁議で市長から，「業務の遂行がマネジメントを意識したものになってきた。使命と成果を重視し，そこから住民起点の価値創造の方法を考え，人を活用するといった経営的な発想がみられる。幸せ地域社会実現のための方向が見えてきた」といった発言がありました。

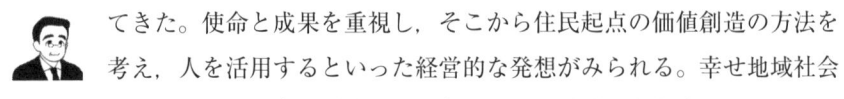

課　　長：組織へのマネジメント適用の基盤ができてきたことから，次は，多くの職員が関与し，成果に直結する政策形成（政策・施策・事務事業）への基本と原則の適用を考えましょう。住民満足に直接影響します。

主　　査：ドラッカーは，組織の目的を具体的に実現するのは事業，つまり政策であるとします。しかし我々の政策は，現在の地域社会の疲弊状況からすると，誇れるものではありません。組織内の努力を，住民が評価する成果に結びつける改革が必要です。

係　　長：私も同意見です。先日受講したマネジメント研修で講師の方は「政策形成の多くが後手，前例型である。新政策の策定では，国や県の見解を重視しすぎる。いま必要なのは，住民との接点を担っている職員の自負と覚悟，その裏付けになる住民志向の政策形成プロセスの改革である」と述べていました。

主　　任：確かに政策で大事なのは，法令や通達・通知にただ沿うことではなく，住民ニーズに適合しているかです。補助要綱の遵守ではなく住民生活への貢献です。職員の認識是正と政策形成プロセスの改善は，地域に適した福祉の充実と成長戦略を考える際には不可欠です。

主　　査：政策への反映に関してのまとめは，私が担当し次回に報告します。

3章　マネジメント政策編　政策・施策・事務事業にマネジメントを適用して総力を結集する

◆主査のプレゼンテーション要旨（図解参照）

（マネジメント導入検討会5：[総合企画部＋各部の総括課長]）

「住民の創造」といった行政組織の目的は，構築したマネジメント体制のもとで，各職員が担当する政策（政策・施策・事務事業の総称）の企画と展開で遂行される。政策は，「1.政策の定義」を明確にし，次に政策の対象とすべき「2.住民を設定」し，そのニーズを把握して「3.政策目標を設定」する。

この後は，目標達成のための「4.戦略を策定」し，その具体化は，マーケティングとイノベーション（4章参照），生産性の視点で行う。このプロセスに一貫して流れているものが，住民にとっての価値を徹底して考える住民志向である。

主査が作成した「図解：政策の策定と展開の基本手順」

総力を発揮して住民創造を実現する政策を展開する。

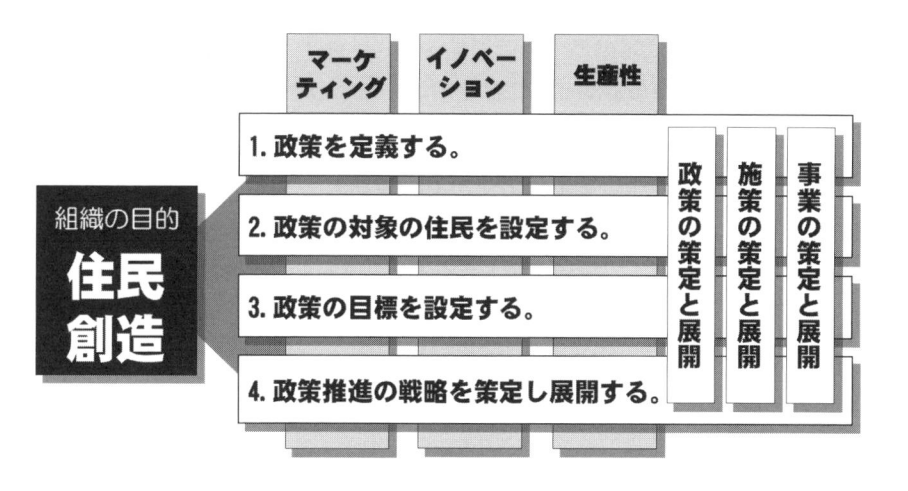

	マーケティング	イノベーション	生産性			
	1. 政策を定義する。			政策の策定と展開	施策の策定と展開	事業の策定と展開
組織の目的 **住民創造**	2. 政策の対象の住民を設定する。					
	3. 政策の目標を設定する。					
	4. 政策推進の戦略を策定し展開する。					

主査：これが政策の定義に基づいた政策展開の事例です。

◆政策形成プロセスに適用する

各部課長：政策形成のプロセスに，1～4までの項目を適用する方法は，大変有効だと思います。これで政策と組織目的との一貫性が確保でき，住民ニーズや組織の強みが反映できるようになります。現時点の庁内では，政策策定のやり方がバラバラです。行政評価シートへの記入が，政策形成と思っている職員もいます。組織としての政策形成プロセスを確立すべきです。

◆政策定義の活用対象は幅広い

係長：図解にある「1.政策の定義」は，政策以外に全庁や各部署の業務領域を設定する場合にも活用できそうですが，それは可能ですか。

主査：戦略やマーケティングの専門書には，両方での使用事例が掲載されています。ドラッカーは「事業定義」とし，その事業とは「世の中をよくするためのもの」「顧客の役に立つもの」[*1]と幅広い解釈です。東京の次世代自治体のA区では「区政は区民を幸せにするシステム」と全庁の事業領域として設定しています。

当市では，政策の場合は政策計画シートへの活用で，各部署の業務領域の場合は現在の部の方針への適用が考えられます。政策の場合を想定し，1～4までを活用した事例を作成してみました（右図参照）。

係長：この図の政策定義から担当組織までの内容を，政策形成プロセスに反映させることで，住民ニーズに基づいた政策が策定できそうです。先日受講したマネジメント研修の内容も活かせます。

部長：マネジメントがより具体的になってきました。今回の皆さんの意見も踏まえて，マネジメントの政策形成への適用を促進し，有限の資源でなすべきことを実現できる体制を充実していきたいと思います。

政策・施策・事務事業へのマネジメント展開図

分野	政策	施策	事務事業
経済分野の政策体系／政策の策定と展開	農林水産／製造／サービス	既存製造再生／新規事業拡大／新技術支援	調査強化事業／経営支援紙業／資金援助事業
環境分析 なすべきこと	製造分野に関しての機会・脅威	新規事業分野に関しての機会・脅威	経営者にとっての機会・脅威
使命 やるべきこと	業界に対しての使命	事業者に対しての使命	経営者に対しての使命
内部分析 できるべきこと	製造業に関しての強み・弱み	新規事業に関しての強み・弱み	経営に関しての強み・弱み
政策定義／施策定義／事務事業定義	内発型産業による地元製造業の創生と雇用の確保	新規分野への進出支援による事業収益基盤の充実	革新的経営力の強化による経営能力の強化
対象住民	①製造業全体 ②民学産公の機関 [主要ニーズ] ・………	①新規事業者 ②民学産公の機関 [主要ニーズ] ・………	①経営者 ②民学産公の機関 [主要ニーズ] ・………
政策目標	・製造出荷額増加 ・就業者の増加	・新規事業数増加	・目標の達成率
戦略方向	規模を考慮し集中戦略	地域の強みあり独自性戦略	育成ノウハウあり個別対応戦略
基本戦略／マーケティング戦略（4章参照）	公共サービス戦略／住民戦略／コスト戦略／知識戦略	社会住民領域	サービス領域／流通領域
基本戦略／イノベーション戦略（4章参照）	イノベーション7つの機会を活用して抽出した課題に右記の戦略を適用	総合戦略／便乗戦略	ニッチ戦略／住民創造戦略
組織戦略	新組織の編成	プロジェクト方式	チーム導入
人材戦略	新規人材の採用	企業との研究会	研修の受講
必要予算	円	円	円
担当組織	部担当	課担当	室・担当

1 住民の創造を実現する政策の定義

政策

◉学習のポイント◉

行政組織の目的である住民の創造を実現するには，具体的な取組みが必要になります。それが政策です。この政策の策定と展開は，「我々の政策とは何か」といった政策定義の検討からスタートします。

1. 政策（政策・施策・事務事業）の定義

◆政策定義の意義

政策定義のねらいは2つあります。1つは行政組織の目的である「住民の創造」を実現する政策領域の明確化です。社会には，様々な形態の組織があります。各組織はその目的と使命に応じて社会での役割を分担し，各組織の強みと機能を活かして，社会の多様なニーズに対応します。行政組織も，自らが社会において何であるかを徹底的に考え，住民を満足させる活動範囲と内容，つまり最適な政策領域を明確にします。政策が住民・社会とつながります。

もう1つは組織活動の一貫性の実現です。行政組織内では，住民創造のために多数の政策が実施されます。住民創造の実現には，この政策すべてが，その目的達成にむかって一定の方向で統合されることが大切です。

これには，政策を担当する各職員が，住民創造の意義を理解し，組織全体の目的と使命に基づいて，担当政策を遂行できる「よりどころ」が必要です。これにより，担当政策の役割と目標の設定，戦略の策定，資源の配分と育成，実行，成果の評価が一貫したものになります。政策領域の明示がその役割を果たします。

このように政策定義とは，変化する社会での政策の役割を明らかにし，政策

政策定義で環境変化に対応する

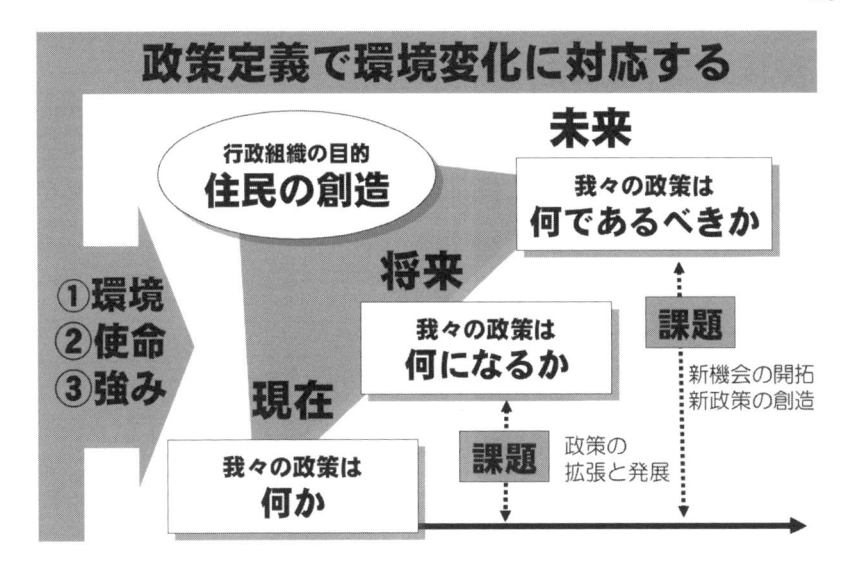

行政組織の目的 住民の創造

- ①環境
- ②使命
- ③強み

未来：我々の政策は**何であるべきか**
将来：我々の政策は**何になるか**
現在：我々の政策は**何か**

課題：新機会の開拓／新政策の創造
課題：政策の拡張と発展

方向の明示と組織内に共通のものの見方，方向づけ，行動を可能とするものです。これにより，行政活動の外部との適合性と内部での整合性が確保され，住民創造の組織活動が社会のニーズに対応したものになります。

◆政策定義の３つの要素[*1]

政策の定義は下記の観点から検討します。

①環　　　境：政策は，環境変化を機会ととらえ新価値を創造するもの。その中心は住民のニーズであり「なすべきこと」である。

②組織の使命：政策は，組織の特有の目的である使命に合致した社会に貢献できる「やるべきこと」である。

③必要な強み：政策は，自らの能力で対応できる「できるべきこと」である。

政策の目的が具体的に定義されることで，組織は何をなすべきか，あげるべき成果は何か，その仕事ぶりはどのようにすべきかを明らかにできます。住民起点の意義ある政策の定義を設定することで，組織のエネルギーを結集することができます。ドラッカーは，住民起点で焦点の定まった，明快で一貫性のある政策の定義なしでは成功はないとします。

2. 3つの政策定義の内容（現在・将来・未来）

　機会は現在にあり，使命は未来を示し，強みは過去のことです。相互にギャップがあります。現在でも未来でも成功すべき行政組織には，継続的な改革が必要になります。

　そこで最初に「我々の政策とは何か」を確認し，次に「何になるか」を検討し，最後に「何であるべきか」について構想し，取り組むべき改革課題を抽出します（前ページの図参照）。課題の解決においては，必要に応じて政策定義の見直しも検討し，政策を常に環境に適応したものにします。

◆現在：我々の政策は何か（現在でも有効か）

　現在の政策は，過去の環境要因を踏まえて策定されたものです。「我々の政策は何か」の問いで，現在の状況とのギャップを認識します。住民の視点から確認します。政策は，住民が公共サービスの受容で何を満足させているかで定義されます。提供側が勝手に推測して設定するものではありません。「住民にとっての価値，欲求，現実」[*2]から考えます。

　最初に「住民は誰か」「どこにいるのか」「何を受容するのか」「住民にとっての価値は何か」を考えます。住民の受容と価値とするものは複雑です。住民から直に答えを求める取組みを系統的に行います。この後，組織の使命と必要な強みを考え，抽出した課題から何を政策の定義に組み込むかを考えます。

◆将来：我々の政策は何になるか（変化に対応するには）

　さらに成功した政策の継続や見直しだけでは，社会の様々な変化に対応できない場合もあります。そこで，「我々の政策は何になるか」を考えます。これは，予測される変化に適応するための問いです。現在の政策定義を修正し，拡張し，発展させることです。

　政策定義に影響を与える環境変化の有無，変化を組み込む必要性を考えます。4つのことを考えます[*3]。①社会の潜在的な可能性と趨勢です。特に人口

構造の変化です。②経済の発展，流行や好みの変化，競争の変動による社会市場の変化です。③住民の欲求を変化させ，新欲求を創造し，旧欲求を消滅させるイノベーションの可能性です。④現在の公共サービスによって満たされていない住民の欲求です。この問いへの対応が，政策とそれを担う組織の成長を確実なものにします。

◆未来：我々の政策は何であるべきか（新しい機会は）

　最後は「我々の政策は何であるべきか」の使命が強調された問いです。我々の政策定義を変えるべきかを検討します。現在の政策を別の政策に変えることで新しい機会を開拓し，新政策を創造することができます。考慮すべき要因は社会，経済，社会市場の変化，そして自らと他によるイノベーションです。

　このように住民の視点から，「現在の政策」「将来の政策」「未来の政策」を，定期的に検討することで，現在の政策とあるべき政策の姿が明確になります。この比較から取組むべき課題が明らかになり，政策定義の検討，政策の廃棄と創造の検討，強みの強化，戦略の是正などを行うことにつながります。

■■■実践に向けての職員の視点■■■

課　長：【組織と政策に活用】政策定義は，全庁や部署の組織領域と政策形成での政策領域で活用できる。前者は，社会における全庁や部署の仕事の範囲であり，後者は，担当政策の範囲の決定である。庁内で徹底して議論して，組織と政策の存在領域を明示・共有する。

係　長：【定期的に点検する】ドラッカーは，成功してきた組織や政策が成果を失うのは，行動の内容より定義に問題があるとする。組織や政策の定義や目的は，定期的に点検し更新する。

主　査：【廃棄が先】政策は，「何であるべき」といった未来を常に見据えながら，最初に体系的廃棄を実施して検討する。廃棄が先で，その後に住民志向で政策定義を確認し，イノベーションを意識して内容を考える。

2 政策の対象となる住民の設定

対象

学習のポイント

政策（政策・施策・事務事業）を考える上で最も基本になるのが，「我々は何をすべきか」ではなく，「我々の顧客である住民は誰か」という問いです。対象とする住民を決めることで，何をなすべきかが明らかになります。

1. 対象住民の設定

◆顧客である住民を恵みを受ける人と見ない

行政組織で，顧客という言葉やその発想に触れることができる組織は，そう多くありません。行政組織は自分たちの顧客を，「助けるべき相手，給付を受ける受給者，支援を求める事業者，治療が必要な患者，授業を受ける生徒」と認識します（右図参照）。

こうした認識の仕方が，住民ニーズの把握，政策への反映，実行時の姿勢と行動を，提供者志向のものにしてきました。ドラッカーは「公的組織の戦略の基本は，公共サービスを受ける人を，恵みを受ける人と見ないことである。彼らは満足させるべき顧客である」[*1]とします。

行政組織の目的は住民の創造です。住民が提供される公共サービスを受容し，積極的な自助努力を通じて行動し，満足を表明してくれない限り，住民を創造することはできません。行政組織は，公共サービスを受容する住民，行政組織を支持してくれる住民，税金を支払うことができる住民がいなければ，その存在はありません。住民を組織活動の中心に位置づけることが，住民創造のスタートであり，行政組織におけるマネジメントの根幹になります。住民に関する情報は，行政組織の目的，政策の定義，住民の設定に活用します。

住民の見方を改め思い込みを排する

外に出て、見て、住民と対話する

―行政組織の目的―
住民の創造

↑

この見方を改める
・公共サービスを受ける人を恵みを受ける人と見る。
・満足させるべき顧客としない。

―政策の定義―
我々の政策は何か

←

―住民の設定―
対象は2つの住民

↑

この思い込みを排する
・我々の政策は役に立つ。
・我々が地域を一番知っている。
・住民は間違っている。

① 住民は誰なのか
② 住民はどこにいるのか
③ 住民は何を受容するのか
④ 住民にとっての価値は何か

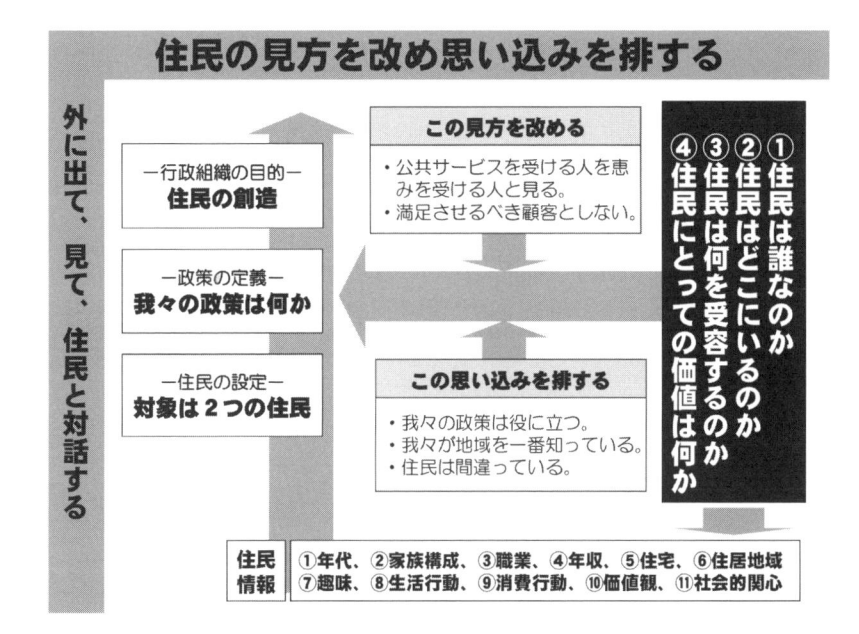

住民情報：①年代、②家族構成、③職業、④年収、⑤住宅、⑥住居地域、⑦趣味、⑧生活行動、⑨消費行動、⑩価値観、⑪社会的関心

◆組織には2種類の顧客がいる

　対象住民の設定には，2種類の顧客[*2]としての住民が存在します。第1の顧客は，公共サービスの受容を通じた積極的な自助努力で，生活の安定と発展を可能にする人です。主住民とします。もう1つの顧客は，行政活動を支援してくれる住民や関係者で，支援活動に参加することで達成感や満足感を獲得したい人です。パートナー住民とします。

　たとえば文化政策を推進する場合，第1の対象は，文化政策の直接の対象者である住民です。主住民です。もう1つは，支援者として政策の企画や展開に参加・協力してくれる地域の住民や関係者です。パートナー住民です。もちろん主住民の満足が主要目的で優先されますが，その前にパートナー住民の満足を確保する必要があります。

◆主住民の選定とパートナー住民の重要性

　組織が成果をあげるには，特定の住民に特定の政策を提供することを考えま

す。まず主住民の満足実現に集中します。対象となる主住民を言葉で明確に特定します。組織が取り組むべき政策内容がより鮮明になります。

たとえば，観光政策の対象としては，地域内の住民と地域外からの交流者がいます。さらに，そこから高齢者を対象とした場合と若者を対象とした場合では，政策のコンセプトとその詳細内容は異なります。

このように対象の特定は，政策内容に影響します。成果をあげるには，活動対象としての住民を政策目的に沿って適切に選択し，特定した住民のニーズを調べ，見て，聞き，熟知することが大切です。誰のための政策であるかが明確になります。

パートナー住民は，政策の推進に大きな役割を果たします。パートナー住民の「地域社会に役立ちたい」といったニーズに応えることで，コミュニティを活性化し，地域共通の目的を育み，それを広げます。さらに，協働活動への参画を通じて責任ある住民，社会に関心をもつ住民への変化が期待できます。

2. 住民ニーズの把握

◆顧客である住民は誰か，どこにいるか

政策は住民のためのものであり，2種類の住民のニーズがわからなければ適切な政策の策定はできません。よって政策の検討は，常に住民側を起点として，その特徴を下記の要件を参考にして明記します。

①住民は誰か（人口統計的要因）。
②住民はどこにいるか（地理的要因）。
③住民は何を受容するか（使用要因）。
④住民にとっての価値は何か（心理的要因）。

最初に，①顧客である住民は誰かを明確にします。これは「誰を満足させたとき成果をあげたと言えるか」の質問に答えることと同じです。個人であれば年令・性別・職業，事業者であれば業種・規模といった人口統計的要因を中心に検討します。政策の対象とすべき住民を明確にすることで，住民の現実，欲

求，価値観が把握でき，提供すべき公共サービスの中心が決まります。さらに住民は絶えず変化しています。常に誰が対象となる住民なのかを確かめます。

次に，②住民はどこにいるのかを調べます。対象とする住民の生活は，住んでいる場所の環境により違いがあります。また場所の位置は，公共サービス活用の住民負担に影響します。出歩くことが困難になる高齢者にとっては大きな問題です。住民の生活状況にあわせた公共サービスの提供を考えます。

◆顧客である住民が受容し価値あるもの

次は，③住民が受容するものと，④住民にとっての価値は何かを考えます。住民は公共サービスそのものを受容しているのではありません。受容目的，つまり自らのニーズを充足する便益であり，住民にとっての価値を受容しています。一般には，機能的便益（サービスを利用することで直接に得られる機能や便利さ），情緒的便益（サービスの利用から得られる安心感や快適さ），自己実現的便益（サービスの利用から得られる住民が自己表現ができる達成感，役立ち，愛情）になります。これは，住民自身が決めることですから，人によって公共サービスの受容と価値への評価は異なります。

しかし，ややもすると行政組織は，「我々の政策は役に立つ」「この予算規模があれば成功する」と思い込みがちです。予想に反して住民から否定的な反応があると，「住民は理解していない。間違っている」と考えてしまいます。

役に立つと公表した政策の成立と継続が目的になり，住民の受容や価値よりも，自分たちの基準や規則にあっているかを考えてしまいます。こうして浪費や肥大の原因になる政策・施策・事務事業を実施するようになります。

住民が考える受容と価値は，多様，複雑すぎて住民本人しか答えられないものです。そこで，住民の行動には何らかの根拠があると考えて，住民が実際に言っていることを把握し，そこから考えることが原則になります。外に出て，外で見て，住民と対話して考えます。マーケティング志向を徹底します。

3 政策目標の設定と その主要目標内容

●学習のポイント●

政策の定義,住民の設定とそのニーズの把握の後は,それを成果に結びつけるために,政策の目標を明確にします。目標の設定により,政策定義の内容,住民ニーズへの対応などが具体化し成果に結びつきます。

1. 政策目標設定の意義と役割

◆政策目標設定の意義

マネジメントには,政策の目的を具現化する役割があります。なすべきことが明らかになったら,次にその内容を実現するための活動の基準になる具体的な政策目標を設定します。住民の創造に必要な領域すべてに目標を設定し,仕事ぶりと成果を把握できるようにします。設定では,目標相互の下記のバランスに留意します。

①目的と現実のバランス:大義と経済性の両立。福祉は組織特有の目的であり,経済性はその存続の条件になる。
②目標の期間的バランス:短期と長期のつながり,既政策と新政策の構成。
③異なる目標のバランス:組織間の整合性,政策に必要な人材の育成。

相互に関連する多様な取組みを,目的達成のためにバランスさせる必要があります。これなしでは,なすべき困難を避け,長期の成果を犠牲にし,時間が必要な人材の育成を疎かにします。

目的に則した,全体を視野に入れたバランスのとれた目標を明確にし,その達成に向けて行動して調整してこそ,目的が具体的なものになります。

行政組織の目的	**住民の創造**			
◆目標の設定				

	目標項目	使命実現のため	行動のため	集中のため	バランスのため
政策成果	①マーケティング	・住民の創造や住民対応に関する目標 ・既・新政策やサービス、廃棄に関する目標			
	②イノベーション	・将来・未来に向けたイノベーション目標 ・政策・社会・協働に関するイノベーション			
仕事と人の生産性	③人的資源	・知識労働者の確保と育成に関する目標 ・職員のモチベーション向上に関する目標			
	④資金	・資金の運用と調達方法の工夫などの目標 ・公共施設の保全に関する資金などの目標			
	⑤物的資源	・設備の新設・保全・廃棄などの目標 ・施設の稼働と環境問題などの目標			
	⑥生産性	・各経営資源間のバランスなどの目標 ・投入の経済性などの目標			
責任	⑦社会的責任	・社会要請への対応などの目標 ・社会貢献などに関する目標			
	⑧必要条件の成果	・将来のリスク対応などに関する目標 ・社会の発展のための目標			

◆目標の役割

　ドラッカーは，目標の役割は数字の明記だけではないとして，使命や適切な行動の実現を重視する以下の5つ[*1]の役割を明示し，そこから目標設定の領域を8つ[*2]としています（上図参照）。

　①目標は，使命を実現し成果を評価する明瞭な基準である。
　②目標は，行動のためにあり，仕事と成果の基準と動機づけになる。

③目標は，重要事項に資源と行動の集中を可能にする。
④目標は，バランスさせるために複数の目標が必要である。
⑤目標は，政策の成否に関わる8つの領域すべてに策定する。

2. 主要政策目標の内容

◆政策の目標とマネジメントの3つの役割

政策の目標は，下記の8つの領域に設定します（前ページの図参照）。これは，マネジメントの3つの役割と連動しています（P.47参照）。目標は期待であり，絶対的なものではなく方向づけです。進展に応じて臨機応変に対応し，組織内の資源を動員します。

①政策の存続と成長に関わるマーケティング
②政策創造と組織の陳腐化を防ぐイノベーション ｝（1）成果

政策活動を具体化する要素である③人的資源・④資金・⑤物的資源，組織の発展に不可欠な⑥生産性について ｝（2）仕事と人

⑦社会的機関としての健全性を示す社会的責任
⑧政策の有効性と組織の持続性に貢献する財政的な成果 ｝（3）社会的責任

政策の目的と目標を実現するための中心は，マーケティングとイノベーションです。住民が評価することは，組織内部の成果や数字ではなく，組織の外での成果やそれをもたらす仕事ぶりです。マーケティングとイノベーションでの成果や取組みが，政策の社会的意義を決定づけます。住む人，働く人の増加といった社会での成果を明示します。この2つ以外の他の領域の目標は，マーケティングとイノベーション領域での目標を達成できるように設定します。

これにより政策の全体の把握，個々の活動のチェック，とるべき行動の明示，意思決定の評価，現場での活動の評価と成果の向上が可能になります。次に主要な目標項目を例示します（前ページの図参照）。

(1) 成果に関する目標

　住民ニーズに対応し，組織の外での成果に貢献するのが，マーケティングとイノベーションです。マーケティングの主要目標は，既存政策の充実と拡大，既存の政策の廃棄，既存の社会市場における新政策，新社会市場，流通（協働）チャネルに関する目標があります。

　イノベーションは，住民の潜在ニーズに新政策を提供することで将来と未来の「住民の創造」を可能にすることです。イノベーション目標は，政策におけるイノベーション，社会と住民の行動や価値観におけるイノベーション，流通（協働）におけるイノベーションに関する目標があります。

(2) 仕事と人に関する目標

　組織が成果をあげるには，人的資源，資金，物的資源の確保と生産的な活用が必要です。たとえば，人的資源では人員の確保と育成，職員の能力要件や行動に関する目標です。生産性は全体に関する目標を設定し，人材，資金，物的資源には，個別の生産性の目標を設定します。生産性の目標は，組織の働きを測定する基準であり，マネジメントの質的な違いを測定する尺度になります。

(3) 社会的責任に関する目標

　社会からの支持は組織の存在に影響します。社会的責任に関する目標は，よき意図ではなく具体的なものとして設定します。

■■■実践に向けての職員の視点■■■

係　長：【仕組みや活動に関する目標】私たちは，政策成果に関する目標は設定してきた。だがそれを実現する仕組みや業務，能力向上といった領域での目標設定は不十分なものであった。目標は目的達成につながる成果と実現のための行動にも設定する。

職　員：【整合性が大切】肩書き重視の多階層構造と仕事を細分化する縦割志向の行政組織では，目標の整合性が不足する場合が多い。政策間，組織間，組織内での目標の整合性を確認することが大切になる。

4 政策推進のための戦略計画策定プロセス

戦略

学習のポイント

目標を設定した後は，その達成に向けて具体的な行動を計画する必要があります。それが戦略形成と展開です。現在でも将来でも成果が得られ，既存政策と新規政策の両方が成果をあげる取組みを考えます。

1. 戦略計画の意義と役割

◆戦略計画とは

政策定義の「政策は何であるべきか」といった未来を築くには，戦略計画による行動が必要です。ドラッカーは戦略計画でないものを下記のように明示します[1]。

① 手法ではない：戦略計画は自動的に策定できるものではない。政策定義の実現に向けた，分析や判断を伴う，現在と将来でより大きな成果をあげる「行動への資源配分に関する決定」である。

② 予測ではない：戦略計画は予測してわかることではない。機会へのイノベーションの適用による「未来に向けての可能性の拡大」である。

③ 未来の決定ではない：3年後の社会は今日の行動から創られる。将来を現在と関連させて，「今日の決定による行動から将来をつくる」ことである。

④ リスクがない：戦略計画は，成果とリスクを合理的に比較・選択し，「より大きなリスクを取れる」ようになることである。

戦略は，政策定義に基づいた，現在と将来でより大きな成果をあげる決定と行動です。機会へのイノベーションの適用による，未来への成功可能性の拡大です。未来を今日つくる行動に資源を配分するリスク克服の取組みです。

◆戦略計画の定義

　ドラッカーは，戦略計画を政策定義を現実の成果に結びつけるものとして，下記の3項目を[*2]定義とします。戦略計画は，目標の設定から，実行し評価しフィードバックによる評価・改善までの体系的なプログラムです。勘ではなく，手順を踏んで相互のバランスを考えながら行います。

　(1) リスクを伴う起業家的な意思決定を体系的に行う。

　戦略計画とは，組織の成長や発展につながるリスクのある「新しいこと」について「何を行うか，いつ行うか」を明確にすることです。しかし，その最初にある意思決定は，進出分野の検討ではなく昨日の体系的な廃棄です。廃棄により明日を考える資源が確保できます。変化を機会としリスクを最小にする成長戦略の検討が可能になります。

　(2) その実行に必要な活動を体系的に組織する。

　その後，戦略内容の具体化のために必要な仕事内容を明らかにします。中心はマーケティングとイノベーションの取組みです。住民ニーズを把握し新価値を創造します（4章の内容）。将来において成果を産むべき仕事に，組織の有能な人材を担当者として配置します。その際，責任，締め切り，成果の尺度を明確にし実行計画を作成します。

　(3) その活動の成果を体系的にフィードバックする連続したプロセスである。

　戦略計画の実行では，その進捗や成果を把握し，目標にフィードバックをして比較評価し改善します。フィードバックから多くのことが学べ，成果に責任がもてるようになります。

2. 戦略計画策定のプロセス

　戦略計画の定義とドラッカーの諸説から，戦略計画策定と展開のプロセスを整理すると，目標の設定→廃棄→新方法の開発→開始時期の決定→人材配置→成果尺度の決定→状況確認→状況報告といったプロセスになります[*3]（次ページの図参照）。

戦略計画策定プロセス

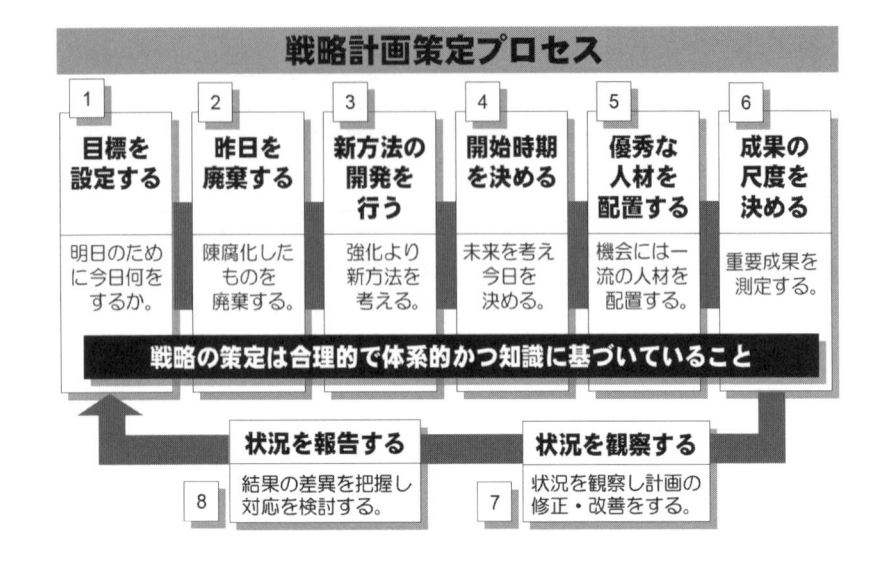

1 目標を設定する	2 昨日を廃棄する	3 新方法の開発を行う	4 開始時期を決める	5 優秀な人材を配置する	6 成果の尺度を決める
明日のために今日何をするか。	陳腐化したものを廃棄する。	強化より新方法を考える。	未来を考え今日を決める。	機会には一流の人材を配置する。	重要成果を測定する。

戦略の策定は合理的で体系的かつ知識に基づいていること

- 8 状況を報告する：結果の差異を把握し対応を検討する。
- 7 状況を観察する：状況を観察し計画の修正・改善をする。

◆目標の設定と戦略計画の策定プロセス

（1）目標の設定について体系的な作業を行う。

政策定義に基づいて政策すべてに「将来目標を達するには，今日何をしなければならないか」[*4]を考えます。将来の目標を今日の意思決定に反映させて目標を設定し，将来のことを今日から着手します。

（2）新しい取組みが行える前提条件として昨日を廃棄する。

将来への取組みのために体系的廃棄を行います。これが重要です。陳腐化したものから資源を引き上げ，新しいことに集中投入する資源を入手します。

（3）目標の達成のために，努力の倍加よりも新しい方法の開発に力を入れる。

既存のやり方の強化では，新しい住民ニーズには対応できません。より優先すべきことは，住民と対話し，新政策，新社会市場，新プロセスを創造することです。「新しく何をいつ行うのか」を考えます。マーケティングとイノベーションの適用が行われるプロセスです（4章を参照）。

リスクの評価も行います。負えるリスク，回復できるリスク，負わざるをえないリスクがあります。負わないことで生じるリスクもあります。機会とリス

クのバランスを考えてその対応に備えます。

 (4) **対象とする期間を考え，必要なときに必要な成果を手にするには，いつスタート（行動）しなければならないかを考える。**

　計画とは，将来の成果も考えて，いま何をすべきかを決定することです。「何を」「いつまでに」「誰が」行うかを明確にします。

◆経営資源の配分と成果確認のプロセス

 (5) **人材の配置のための決定を行う。**

　戦略の具体化では，人材の配置に関する意思決定が重要です。戦略計画の成否に影響します。成果をあげるには，一級の人材を将来最も大きな成果が望める領域に割り当てます。

　ドラッカーは，成功する人材配置の方法として「強制選択」の活用を薦めます。簡潔なもので，機会のリストをつくり順位をつけます。次に，第一級の人材にも順位をつけます。その後，第1順位の機会が必要とするだけの数の人を，第1順位の人材から割り当て担当者として決定します。順次同じことを行います。人材がなくなればそれ以降の戦略は潔く諦めます。必要なことは，機会と人材に対する順位づけと適切な配分だけです。

 (6) **成果の尺度を設定する。**

　戦略計画では，成果の尺度とその測定方法によって何に焦点をあてるか，何を行うかが決まります。計画プロセスへのフィードバックも可能になります。

 (7) **状況の観察（モニタリング）をする。**

　組織は，目標の実現を状況の観察で調整します。活動の状況を把握し，活動の変化，成果の未達，予期せぬ成功，住民行動の変化などがわかったときは計画を修正します。また，組織全体の到達度だけではなく，個々政策の成果への貢献とその原因も把握し，必要に応じて改善を行います。

 (8) **状況の報告（フィードバック）をする。**

　実行の成果のフィードバック内容を分析することで，目標や計画と実際との差異が明確になります。そこから新たな目標や計画内容の検討が可能になり，

成果達成の可能性が高まります。機会の発見ができれば，新たな展開を考えます。同時に，なぜ機会が生じたのかを把握します。原因を知り，糧とすることで，次回の戦略に活かすことができます。失敗からも多くを学びます。

　計画で成果をあげるには，継続学習と臨機応変の対応が求められます。イノベーションの機会を発見することも重要です。イノベーションの7つの機会（4章を参照）を活用して意識的，組織的に変化を探し出します。少なくとも組織には，半年に一度，強制的にフィードバック分析を実行します。成果を得る可能性が増大します。

■■■ 実践に向けての職員の視点 ■■■

課　長：【次世代自治体では】戦略とは手法，勘，経験ではない。一連の体系的な思考と決定のプロセスで，目標を行動に移して成果を実現する。都下のT市では，予算編成時に1週間をかけた政策会議で，理事者と各部の自由闊達な激論から，全市レベルの戦略課題と各部の戦略課題を決定している。明確な手順で組織的に「選択と集中」を実践している。

主　査：【戦略プロセス採用】当市は積み上げ式である。実行性はある反面，成果の点では戦略的要素に乏しい平板な政策立案になる。今後は，地域社会の変化，住民動向，組織の強み，現場の意見，財政状況などを取り入れた戦略策定のプロセスを組み合わせる。マーケティングとイノベーションに関する学習も欠かせなくなる。目標・方針の設定，戦略内容の確定の後に，PDCAプロセスで業務に展開する。

係　長：【人材が重要】戦略の成果は，将来において成果を生むべき難度の高い活動に，有能な人材を配置することで獲得できる。次世代自治体の多くが，マネジメントの早期学習とその実践の場を組織内外に設けることで，戦略を担える未来の人材養成に力をいれている。

4章 マネジメント展開編

マーケティング戦略とイノベーション戦略を活用して住民創造を実現する

M市のマネジメント改革　（4）住民創造

課長：マーケティングとイノベーションが苦手なら我々には成果はありません。
（マネジメント導入検討会6：[総合企画部＋各部課長]）

部　長：今回は各部の課長も参加しています。増税後の我々には，住民からより大きな成果が求められます。真に住民が必要とするものを探し出し，画期的な政策の提示が必要です。有限な社会資源を，住民にとっての幸せにつながる価値に変えることができるかです。

課　長：部長の発言内容はマネジメントで考えると，これまで行政が苦手として避けてきたマーケティング戦略とイノベーション戦略領域の改革です。ドラッカーは，「この2つだけが組織に成果をもたらす」とします。これが苦手では成果不足は当然です。疲弊する地域から成果を求められている我々の大きな反省点です。

職　員：ドラッカーのマネジメントには，マーケティングが幅広く取り込まれ，イノベーションは極めて具体的です。両方とも当分は税率アップでしか歳入増が望めない，成果未達の行政組織には必須のものです。

係　長：知識時代の次世代公務員に不可欠なマーケティング戦略とイノベーション戦略については，主任が原案をまとめています。この内容を聞いてさらに検討しましょう。

◆主任のプレゼンテーション要旨（右図参照）

　　ドラッカーは，「住民を創造することが組織の目的である」とする。そこで，政策形成に基本機能であるマーケティング戦略とイノベーション戦略の適用が必要になる。「住民はわがままである」「我々の方が詳しい」「前例がない」「すでに決まっている」といった先入観を排した行動が求められる。

　マーケティング戦略は，ドラッカーの諸説を整理すると，公共サービス，住

4章　マネジメント展開編　マーケティング戦略とイノベーション戦略を活用して住民創造を実現する

民,コスト,知識に関する戦略構成になる。イノベーション戦略は,総合,便乗,ニッチ,住民創造の戦略構成になる。ドラッカーは,マーケティング戦略の実施は当然とし,イノベーション戦略については,行政組織は,企業以上にイノベーションに取り組まなくてはならないとする。最後に推進体制を構築する。こうして住む人,働く人,学ぶ人,育てる人,楽しむ人,といった住民を創造する。市役所が掲げている「福祉の充実と地域の創生」に貢献できる。

主任が作成した「図解:住民創造の基本手順」

組織活動とはマーケティングとイノベーションによる「住民の創造」である。

働く人　住む人　学ぶ人　育てる人　楽しむ人　遊ぶ人

組織目標
住民の創造

1. 基本戦略体系の把握

2. マーケティング戦略の検討・策定

3. イノベーション戦略の検討・策定

4. 基本戦略の推進組織の構築

主査：新資源の調達増が困難なら，選択肢は現資源からの産出増だけです。

◆マーケティングの実践にはコトラーも必要

係　長：マーケティングで住民の潜在的なニーズを把握し，その対応は前例的なものではなく，イノベーションで新方法を考えます。石橋を叩いても渡らない，これまでの行政とはまったく異なる発想が必要です。

職　員：マーケティングを学習すると，政策を考える際に，主語を「我々」ではなく「住民」とする大切さがわかります。どうしても「我々は何を提供すべきか」と考えてしまいます。大事なのは「住民は何を必要とし欲しているか」です。主語を「我々」とすることは禁句です。

主　任：ドラッカーは，価値の提供において「知識」がとりわけ重要な源泉になるとします。それは職員が保有する独自の知識です。その知識を住民の満足や評価を高める方向で政策や行動に適用することで，社会や住民に貢献できる公共サービスの提供になります。

主　査：先に受講したマーケティング研修での講師の方は，「マーケティングの実践では，ドラッカーのマーケティングについての基本的な考え方に，コトラーのマーケティング体系を組み合わせると，意義ある実践的なマーケティング活動が可能になる」と説明していました。
研修で学習したセグメンテーション→ターゲティング→ポジショニング→コンセプトといった政策策定のプロセスは，政策形成に活用できます。福祉から地域成長戦略の立案，ゆるキャラの開発にも使えます。職員が保有する知識が政策形成に見事に活かされます。

◆イノベーションで現資源の増力を実現する

係　長：発明的なイノベーションには，戦略などはないと思っていました。しかし，社会保障制度の多くがイノベーション戦略であることがわかり，驚いています。マネジメントの有用性が改めて確認できました。

4章　マネジメント展開編　マーケティング戦略とイノベーション戦略を活用しで住民創造を実現する

各 部 課 長：ただ，残念なことに，現在の我々には，新政策を創造して地域資源を増力するイノベーションの概念はほとんどありません。しかし，人口減や現在の税収推移を考えると，現資源の増力を可能にするイノベーション戦略の実行は不可欠です。

主 査：先の研修講師の方は，「資源の調達増が望めないとすれば，現資源からの産出増が重要になる。住民の真意を把握できるマーケティングと価値創造を可能にするイノベーションを政策形成に適用することで，それが実現できる」といっていました。

職 員：並行してリスクのあることや新しいことに挑戦することを評価する人事の仕組みや組織風土も大切です。静岡県の次世代自治体K市では，市長表彰として「経営革新賞」を設けて，挑戦を促しています。

◆住民を創造し税収をあげる

各 部 課 長：多くの職員が，マーケティングとイノベーションを学習し，それを政策・施策・事務事業に展開し実行できるようになれば，現場は確実に変わります。職員の能力が住民生活の向上に活かされます。それは政策を通じて住む人，働く人，学ぶ人を創造します。

課 長：多くの政策にマーケティングとイノベーションが機能したら，現在の歳出から歳入増が期待できるかもしれません。職員課と協働してマーケティング能力の強化を早急に計画します。

部 長：各部の主要課長も参加した検討会は有意義でした。住民に主導権があることなどは当然のことです。しかし我々は，内部のことに目が行き，外を見るこのマネジメントの原則を忘れてしまいます。

成果を具現化する政策形成の中心は，マーケティングとイノベーションであることは明白です。今回の検討内容を部内で整理し，全庁と各部の政策形成で，マーケティングとイノベーションが活用できるようにしましょう。

1 住民創造のための基本戦略体系の把握

創造

◯学習のポイント

　行政組織の目的である住民創造を実現するには，政策形成の戦略プロセスに2つの基本戦略が必要になります。それが，マーケティング戦略とイノベーション戦略の策定です。この2つの戦略体系を学習します。

1. 基本戦略の体系と分析の視点

◆成果をあげる3つの取組み

　ドラッカーは，組織が成果をあげるには，今日行うべき次の3つの取組みが必要とします[*1]。

　①現在志向で短期的：今日の政策の成果をあげる取組み。
　②将来志向で中期的：潜在的な機会を発見する取組み。
　③未来志向で長期的：明日のための新しい政策を開拓する取組み。

　マネジメントは，常に現在と未来，短期と長期のバランスに留意し，両方での適切な対応をめざします。現在の課題に取り組むと同時に，将来や未来の課題にも的確に対応します。将来への働きかけのない組織は，近時どこかで必ず苦境に陥ります。上記の3つの取組みは関連しています。体系的なアプローチと1つの統合された戦略が必要になります。

　ドラッカーの戦略に関する諸説を整理すると，住民創造のための基本戦略は，短中期的なマーケティング戦略と中長期的なイノベーション戦略で構成されます（右図参照）。この2つを統合した基本戦略は，組織のおかれた現実を理解し，2つの戦略をバランスさせることで，継続的な「住民創造」を実現します。

基本戦略の構成

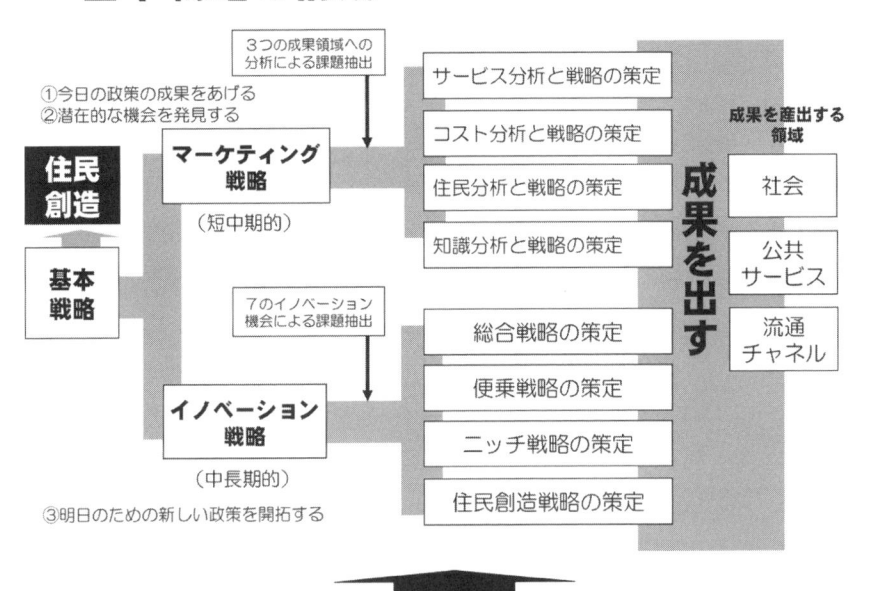

```
①今日の政策の成果をあげる        3つの成果領域への
②潜在的な機会を発見する          分析による課題抽出
                              ↓
                      ┌──────────────────┐
                      │ サービス分析と戦略の策定 │
                      ├──────────────────┤
        マーケティング    │ コスト分析と戦略の策定  │         成果を産出する
         戦略         ├──────────────────┤            領域
         （短中期的）    │ 住民分析と戦略の策定   │          ┌────┐
住民                   ├──────────────────┤          │ 社会 │
創造                   │ 知識分析と戦略の策定   │   成    ├────┤
 ↑                    └──────────────────┘   果    │ 公共 │
基本                                           を    │サービス│
戦略                  7のイノベーション                出    ├────┤
                     機会による課題抽出                す    │ 流通 │
                              ↓                      │チャネル│
                      ┌──────────────────┐          └────┘
                      │ 総合戦略の策定      │
        イノベーション   ├──────────────────┤
         戦略         │ 便乗戦略の策定      │
         （中長期的）    ├──────────────────┤
                      │ ニッチ戦略の策定     │
③明日のための新しい政策を開拓する  ├──────────────────┤
                      │ 住民創造戦略の策定   │
                      └──────────────────┘
```

組織の現実についての仮説	(1) 成果と資源は組織の内部にはない。いずれも外部にある。 (2) 成果は、問題の解決ではなく、機会の開拓によって得られる。 (3) 成果をあげるには、資源を問題にではなく、機会に投じなければならない。 (4) 成果は、有能さではなく、市場におけるリーダーシップによってもたらされる。 (5) いかなるリーダーシップも、うつろいやすく短命である。 (6) 既存のものは古くなる。 (7) 既存のものは資源を誤って配分されている。 (8) 業績の鍵は集中である。

◆組織の現実に関する仮説

戦略の検討では，分析の基礎になる「組織の現実（直面しているもの）についての仮説」*2 を活用します（前ページの図参照）。分析の視点として活用できる多くのヒントがあります。

① は「成果は外にある」：組織の成果は外部の住民の評価で決まる。知識も外にある。常に外からの視点で考え内外の資源を価値に転換する。

② は「成果は機会にある」：問題の解決は普通に戻るだけ。成果の源泉は機会の開拓にある。機会を探し出し社会を発展させる。

③ は「成果は強みにある」：仕事を適切に行うだけでは成果にはならない。把握した機会に資源と活動（強み）を集中しより大きな成果を産出する。

④ は「成果は住民支持にある」：成果は住民が価値を認めることでしか得られない。優れた政策ではなく常に住民ニーズへの適合を追求する。

⑤ は「常に機会追求をする」：成功しても油断は厳禁。常に機会を求める。

⑥ は「常に改革をする」：常に組織とその行動，姿勢，期待，仕組みなどを継続的に改革し，新しい現実にあわせ変化させる。

⑦ は「常に資源配分を点検する」：政策は実施した時から旧くなる。既政策への資源配分の評価と方向づけの見直しを常に行う。成果と予算，現在と将来のバランスを確認する。

⑧ は「常に集中する」：成果のあがる機会に集中する。

2. マーケティング分析と戦略の策定

◆2つの基本戦略が成果をあげる領域の分析

基本戦略であるマーケティングとイノベーションが成果を産出する領域は，以下の3つです。政策をこの3つの側面から分析して課題を抽出し，対応すべき方向を考えます（前ページの図参照）。

① 誰に：住民（社会・コミュニティ・住民）

② 何を：公共サービス（政策・施策・事務事業）

③どのように:流通(協働)とのコミュニケーションチャネル

　戦略の成果をあげるには,住民,公共サービス,流通(協働)チャネルに関する分析を通じて,この3つの内容,相互の適合,全体のバランスを最適にすることです。3つが不適合では成果は得られません。

　最初に,①社会・コミュニティ・住民の動向を把握します。そこから対応すべき課題を選択し,満足実現をめざします。次に,住民ニーズに対応した②公共サービスの状況を把握します。③流通(協働)チャネルは,住民に公共サービスを届けて価値を実現するチャネルです。住民との協働とコミュニケーションのチャネルでもあり,住民との協働の促進と情報の相互交流を可能にするチャネルでもあります。対象とした住民や提供する公共サービスに適した流通(協働)チャネルであることが必要です。

◆4つのマーケティング分析と戦略の策定

　ドラッカーのマーケティングに関する諸説を整理すると,活用できるマーケティング分析は,①公共サービス(政策),②コスト,③住民,④知識の4つに分類できます(前ページの図参照)。

　いずれも,分析→戦略課題の抽出→戦略課題の領域分類のプロセスを経て,課題解決の戦略の検討と策定を行います。戦略課題の領域分類は,ドラッカーが推奨する「機会の最大化」[*3]をねらいとする下記の3つの領域を使用します。

①推進優先的領域:大きな機会が存在する課題が対象。成果をあげるための資源が十分か確認する。

②廃棄優先的領域:廃棄することで機会を見い出せる課題が対象。廃棄は機会であり,新しいもの有望なものを発掘する前提である。

③推進・廃棄しない領域:どちらでもあまり効果がない課題が対象。

　策定した戦略は,公共サービス戦略,コスト戦略,住民戦略,知識戦略として,住民,公共サービス,流通の領域での成果産出に貢献します。

2 4つのマーケティング分析と戦略の策定

住民

学習のポイント

4つの分析(公共サービス分析,コスト分析,住民分析,知識分析)→各戦略課題の抽出→各戦略課題の領域分類→各マーケティング戦略の策定のプロセスを通じて,住民創造を実現する4つの戦略を策定します。

1. 公共サービス分析と戦略の策定

◆戦略創出のための公共サービス分析

公共サービス戦略策定のための公共サービス分析は,以下の4つの分析で行います。分析結果から戦略課題を抽出し,その対応として3つの領域で,廃棄から新公共サービスの開発までの公共サービス戦略を策定します(右図参照)。

(1) 公共サービス毎の組織全体への貢献度分析をする。

組織または政策全体の成果に対して,個々の公共サービスの貢献度合いを分析します。定量的な分析方法はまだ未整備ですが,住民意識調査を活用した検討が可能です。組織や政策全体への住民評価と個々の公共サービスへの住民満足度,貢献度(重要度)を組み合わせることで,個々の公共サービスの全体への貢献度合いの確認や今後の方向の検討ができます。予算規模ではなく,組織や政策全体に対する住民満足に貢献している公共サービスが判明します。

(2) 公共サービスのリーダーシップ(適合)分析をする[1]**。**

公共サービスの社会での評価による位置づけを分析します。公共サービスのリーダーシップとは,予算の規模ではなく,社会や住民の支持の程度を意味します。提供側がよいと評価しても,住民が認めてくれなければリーダーシップは成立しません。次の事項がポイントになります。

(4) 公共サービス類型分析

公共サービスの類型

類型に応じた対応を考える

―分析・対応が容易―
- ①**現在の主力公共サービス**：現在ピーク前後、過大投資に注意。
- ②**将来の主力公共サービス**：次の主力、追加資源の見返りが大。
- ③**生産的特殊公共サービス**：限定された特殊な市場をもつ、貢献は大。
- ④**開発公共サービス**：社会へ導入中、先は不明だが潜在成長力は期待。
- ⑤**失敗公共サービス**：自ずと消える、健全な組織なら問題はない。

―対応が難しい―
- ⑥**過去の主力公共サービス**：規模は大きいが成果に貢献していない。
- ⑦**手直し用公共サービス**：成果はあるが手直しが必要な欠陥がある。
- ⑧**仮の特殊公共サービス**：主力になれるのに特殊としているもの。
- ⑨**非生産的特殊公共サービス**：福祉的な機能を果たしていない。
- ⑩**独善的公共サービス**：多額の投資をして成功すべきなのにまだ成功していない公共サービス。
- ⑪**シンデレラ又は睡眠公共サービス**：チャンスがあればうまくいくかもしれない公共サービス。

(1) 公共サービス貢献度分析
(2) 公共サービス適合分析
(3) コスト増分分析

公共サービス戦略の策定

| 推進優先的領域 | 廃棄優先的領域 | 推進・廃棄しない領域 |

①優先度：この公共サービスは他の公共サービスに優先して使用されるか。
②満足度：住民からの代価として妥当な支持を得ているか。
③適正度：公共サービスの特性に見合う自助的活動を得ているか。
これに今後の見通しを加えて公共サービスの適合度合いを分析します。

(3) 公共サービスの類型分析をする[*2]（上図参照）。

公共サービスは、ライフサイクルに応じて複数の類型に分類できます。それに応じて組織が対応すべき方策が考えられます。そこで個々の公共サービスを分析して類型に分類し、それにあわせた対応を適用します。

重要なのは①現在の主力公共サービス、②将来の主力公共サービス、⑥過去の主力公共サービスです。最高の資源と知識は、⑥から引き上げ、①ではな

く，②将来の主力公共サービスに投下します。ドラッカーは，この類型は社会市場や流通チャネルの分類にも活用できるとします。

(4) コスト増分分析を行う[*3]。

主力の公共サービスでも，ライフサイクルに応じて資源の追加投入よりも見返りが次第に減少します。資源投入の増分とそこから得られる産出の増分の比較から，公共サービスの改善や縮小などを含めた適切な対応を検討します。

◆戦略創出の3領域

抽出した戦略課題を，3つの領域に分類して戦略の策定方向を検討します。①には十分な資源を割り当て，③には必要最低限の資源を配分します。

　①推進優先領域の課題例：将来の主力とシンデレラ公共サービス
　②廃棄優先領域の課題例：過去の主力と独善的公共サービス
　③推進・廃棄しない領域の課題例：現在の主力と生産的特殊公共サービス

2. コスト（予算）分析と戦略の策定

コストは，行政では「縮減」がテーマになりがちです。しかし，コストの本質は削減ではなく，成果をあげて成果に対するコスト比率をさげることです。

◆コスト管理の原則

コストは成果をあげるためにあります。コスト管理の最も効果的な方法は，なすべきことに資源を集中しそこでの成果を大きくし，コスト又は予算当たりの成果を高めることです。コストの成果指標は「対成果比」です。

コストが低くても，成果に結びつかなければムダになります。ドラッカーは「機会の最大限の開拓こそ，コスト当たりの業績（成果）比をあげ，コスト管理と低コストを実現する王道である」[*4]とします。

コスト管理の効果向上には，5つの原則[*5]（右図参照）があります。すべて常識的なことです。目標を設定し，最大のコスト領域を対象にして集中し，仕

コスト管理の原則とコスト対策

考え方：成果をあげるものに資源を集中して、コスト当たりの成果を大きくする。

コスト管理5原則
- 原則①：最大のコストに集中する。
- 原則②：コストの種類により管理する。
- 原則③：効果的なコスト削減はその活動の停止である。
- 原則④：政策の全体を視野に入れて管理する。
- 原則⑤：住民までの全活動を対象にする。

コストの種類に応じた対策

① **生産的コスト**：【住民が認める価値を提供する活動のコスト】事業、知識、資金のコスト。これは成果をあげることを考える。機会に資源を集中する。必要なのは成果の管理である。

② **補助的コスト**：【価値に関する活動の一環として不可避なコスト】検査や間接部門のコスト。本当に必要かどうかを考え、その後に最小限必要な活動とコストを考える。

③ **監視的コスト**：【不具合を防止するためのコスト】廃止した場合、コスト以上の損失が発生するかを考える。問題がないなら廃止する。

④ **浪費的コスト**：【成果を産むことのない活動のためのコスト】最大の改善領域。一見すると理由がある活動から発生している。意識的な探索が必要。発見したらその活動は廃止する。

コスト戦略の策定

| 推進優先的領域 | 廃棄優先的領域 | 推進・廃棄しない領域 |

事を改善します。コストの種類に応じて対応を考えます。コスト削減は，仕事そのものを廃止することが一番有効です。また，住民にとって重要なのは全体のコストです。行政では，ある対象のコスト改善が他への転化になることがよくあります。住民までの政策全体のコストの流れを視野に入れて行います。

◆コスト発生箇所・活動とコストの分類による対応

　コスト分析では，5つの原則に従い，政策や活動で大きなコストが発生して

いるコストポイントを明らかにし，そこをコスト分析の対象にします。

コストには4つの種類があります（前ページの図参照）。コストの特性に応じた対応方法を戦略課題として考えます。重要なのはコスト自体の増減ではなく，コストを活用して成果をあげ，コスト比率をさげることです。①生産的コストへの対応で「機会の最大限の活用」を考えます。適切なコスト対応は，組織に大きな成果をもたらします。

抽出した課題は領域に分類して方向を検討します。②補助的コストや④浪費コストは，廃棄優先領域に分類します。

3. 住民分析と戦略の策定

ドラッカーは，自らの政策や行動を正しく理解するには，「住民は誰か」「どこで受容するか」「何のためか」の3つの側面での把握が必要とします。その把握方法として，下記の2つの「問い」を明示します。

◆**住民の8つの現実**[*6]（P.154の図参照）

住民向けの政策や活動を理解するには，住民の視点からの分析が重要です。ドラッカーは，その際に担当者が陥りやすい見方の偏りを，以下の「8つの現実」として明示します。住民の理解と課題抽出に活用します。

(1) **職員は私の変化を知らない：職員が住民や社会について知っていると考えていることは，間違っていることが多い。**

住民を知っているのは住民本人です。過去の実績から住民ニーズを想像するだけでは失敗します。住民に聞き真意を把握します。

(2) **職員は私の満足内容を知らない：職員が価値あるものと考えているものを，住民が購入していることは稀である。**

住民は公共サービスの受容を通じて満足を手にしています。満足は心理に依存することから本人しかわかりません。本人との対話が必要になります。

(3) 職員は私の比較先を知らない：職員が競合としているサービスが，本当の競合相手であることは稀である。

学校の競合相手は隣接学校だけではなく，学習塾や遊技場との競争です。

(4) 職員は私の重視点を知らない：職員が公共サービスの最も重要な特色とするものが，住民にとって意味のない場合がある。

「この政策はトップの英断による」「この施策は多くの職員の協力による価値あるもの」と努力や苦労を強調しても住民は動きません。住民のニーズにあっているのか，庁舎の外で成果を出せるかです。

(5) 職員は私の真意を知らない：職員は住民は非合理的な行動をすると考えてしまう危険がある。

住民の非合理性を変えるには，住民の合理性を理解し，非合理な行動をする住民の理由を把握する行動が先です。そのギャップから必要な対応を考えます。

(6) 職員は私の関心度合を知らない：職員は自らの公共サービスは重要であると考える傾向がある。

職員が重要だと考えることが，住民からすると的外れのことがよくあります。住民の関心は些細なものです。「住民は政策内容をよく理解していない」と不満を言うのではなく，その前提で行動します。

(7) 職員は私の決め方を知らない：職員は自らの顧客は誰かはわかっているとの前提にたつ。

顧客である住民とは，利用する人だけではなく利用を決定する人でもあります。それぞれの住民のニーズや価値観に対応します。

(8) 職員は私の特色を知らない：提供するサービスによっては，特定の住民を識別できない場合がある。

この場合は，社会（どこで）や用途（何のため）から分析を行います。

◆予期せぬものを知る9つの問い[*7]（次ページの図参照）

行政活動についての住民の評価は，提供側からするとよいと思ったことが，逆の場合であることがよくあります。これがドラッカーの「予期せぬこと」で

住民の現実を理解する

私（住民）の8つの現実
職員は住民を知らない

1. 私の変化を知らない
2. 私の満足内容を知らない
3. 私の比較先を知らない
4. 私の重視点を知らない
5. 私の真意を知らない
6. 私の関心度合いを知らない
7. 私の決め方を知らない
8. 私の特色を知らない

予期せぬものを知る9つの問い
職員は自分の論理を主張する

1. なぜ住民にならないか
2. 住民の本当のニーズは何か
3. 他から購入したその価値は
4. 公共サービスの重要な価値は
5. 公共サービスが不要な状況は
6. 意味ある公共サービス群は
7. 競合相手になっていないもの
8. 隠れた機会は
9. 非合理な住民の行動は

住民の現実への対応
思い込みを排して、不合理に見えるものを合理的としている住民の現実を見る。

住民の論理への対応
常に政策を社会や住民の観点から見て、自らのではなく社会・住民の論理で行動する。

① 住民ニーズの把握は住民に聞く
② 公共サービスの決定権は住民にある
③ 住民の不合理に見える行動を尊重する

住民戦略の策定

| 推進優先的領域 | 廃棄優先的領域 | 推進・廃棄しない領域 |

4章 マネジメント展開編 マーケティング戦略とイノベーション戦略を活用して住民創造を実現する

す。ここにも，住民対応に関する戦略課題抽出の手がかりがあります。

（1）ノンカスタマー：なぜ住民にならないのか。

公共サービスを受容する対象なのに受容してない住民を把握し，その理由を探ります。予期せぬことが発見できます。現場に行き，聞き，観察します。

（2）お金と時間の使い方：本当のニーズは何か。

住民のお金と時間の使い方を把握すると，公共サービスへの本当のニーズがわかります。子育て手当の充実や昼休み・休日の窓口開設などはこの一例です。

（3）住民価値：他から購入したものの価値は。

他から購入しているものを調べると，提供している公共サービスの価値と価値向上に関する対応方法のヒントが多く得られます。

（4）提供しうる価値：公共サービスの重要な価値は。

公共サービスを住民の視点から見ると，住民が重視する満足を提供しているものがわかります。公共サービスの存在や価値向上に貢献します。

（5）存在意義：公共サービスが不要な状況は。

不要になる状況を考えると自らの存在価値がわかります。不要政策の廃止と新政策の創造が促進され，必要な存在への可能性が拡大します。

（6）サービス群：意味ある公共サービス群は。

住民から支持を得ている公共サービスのカテゴリーを検討すると，住民の評価基準（知覚）を知ることができます。決めるのは住民の知覚です。

（7）潜在的な競合相手：なぜ競合相手ではないのか。

所属する業界は不変に感じられます。そこで潜在的な競合相手を知ることで，同業ではない予期せぬ新規競合への対応ができます。

（8）潜在機会：隠れた機会は。

競合相手や自らの位置づけを見直すと，見えない，試みていない潜在機会を発見できます。

（9）住民の現実：非合理な住民の行動は。

住民の非合理な行動から組織の外の重要性がわかり，新しい視点が得られます。重視すべきは自らの論理ではなく，顧客である住民の論理です。

上記の「私の8つの現実」と「9つの問い」からわかる重要なことは、①住民ニーズの把握は住民に聞く、②公共サービスの決定権は住民にある、③住民の不合理に見える行動を尊重する、ことです。

ドラッカーは、住民の合理性への適合と、住民の合理性を変えることは、提供側の仕事とします。思い込みを排除し、不合理を合理的とする住民の現実を受け入れ、政策を住民の観点から見ることが有効なアプローチになります。

4. 知識分析と戦略の策定

ドラッカーは、知識を「情報を仕事や成果に結びつける能力」[*8]とし、様々な取組みを成功させるうえで最も重要な資源とします。知識の多くは、内外での企画、開発、提供、評価といった行動の結果から得られたものです。仕組み、プロセス、手段にすり込まれています。

知識は蓄積されることで組織の強みになり、内外との多様な交流を通じてさらに磨き上げられ、卓越した資源になります。組織とは、組織内外の知識を活用して社会に貢献する仕組みでもあります。

この知識は技術の場合もありますが、業務（法務、福祉、経済、教育、協働など）や方針、計画といったマネジメントに関する専門知識も含まれます。知識戦略の策定では、知識を分析し戦略課題を抽出し、下記の観点[*9]から戦略の策定に結びつけます（右図参照）。

①本当に重要な新しい知識として何を取得する必要があるのか。

②現在の中核的な知識の何を向上させ、最新のものとし進歩を図るか。

③知識のどこに再定義の必要があるか。

◆知識の意義と卓越性

ドラッカーの諸説からすると、政策・施策・事務事業といった政策群とは、知識という資源を、社会で福祉価値に転換するプロセスになります。公共サービスは、行政組織がもつ知識と住民がもつ税金との交換の媒体です。組織内の

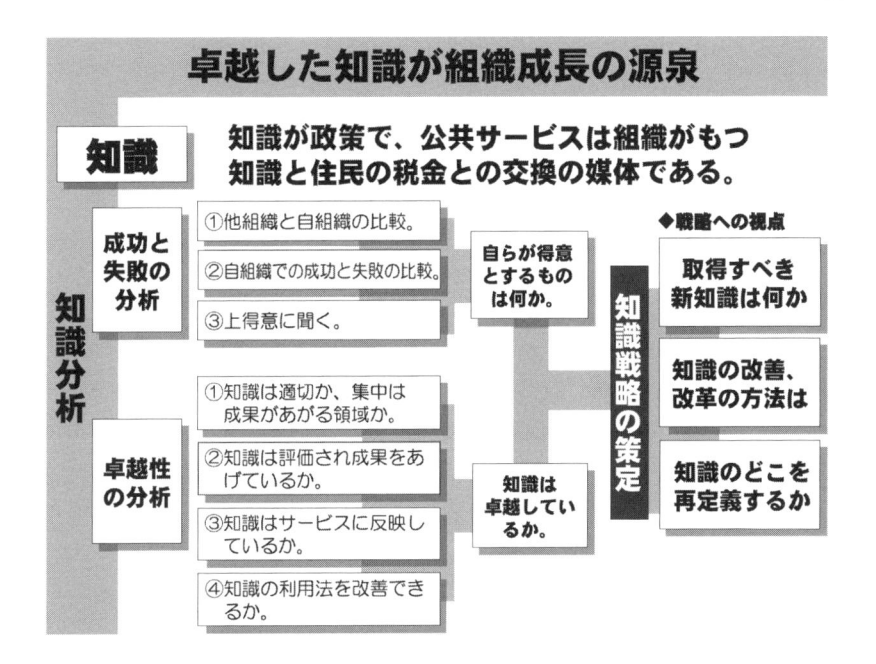

卓越した知識が組織成長の源泉

知識が政策で、公共サービスは組織がもつ知識と住民の税金との交換の媒体である。

知識分析

成功と失敗の分析
① 他組織と自組織の比較。
② 自組織での成功と失敗の比較。
③ 上得意に聞く。

卓越性の分析
① 知識は適切か、集中は成果があがる領域か。
② 知識は評価され成果をあげているか。
③ 知識はサービスに反映しているか。
④ 知識の利用法を改善できるか。

自らが得意とするものは何か。

知識は卓越しているか。

知識戦略の策定

◆戦略への視点
- 取得すべき新知識は何か
- 知識の改善、改革の方法は
- 知識のどこを再定義するか

専門知識のすべてを，このプロセスと公共サービスに結集し結合します。

政策の成功は，知識が住民生活の向上に貢献することで可能になります。その際，知識には他と同じレベルのものではない卓越性が必要です。卓越性とは，職員と行政組織が，住民との交流から蓄積した強みをさらに磨き上げたその先にあるものです。

ドラッカーは，「成功するには，多くの領域において並以上でなければならない。いくつかの領域において有能でなければならない。1つの領域において卓越しなければならない」*10 とします。次世代自治体での知識の達成水準とその構成のあり方を明示しています。

◆失敗と成功の分析

知識は机上のものではなく行動から得られるものです。よって知識分析の基本は，成功してきたこと，失敗してきたことを調べることになります。ドラッ

カーは以下の3つの視点*11を提供します（前ページの図参照）。
　①他組織と自組織の比較：自組織が普通にできて他組織がやらないことと，その逆を調べる。自組織に当たり前のことが自組織の強みになる。
　②自組織での成功と失敗の比較：両者を調べて原因の違いを把握する。成功と失敗の状況が判明する。
　③上得意に聞く：他組織にはできない自組織のよい仕事や強みを聞く。
　これにより，組織の外での評価，仕事のやり方などから，何ができるかがわかり，自組織の強みを把握することができます。

◆卓越性の分析
　ドラッカーは，知識の強みの把握では，関係者が「自組織に特有の知識は何か，強化方法は，他に必要な知識は何か」といった問いかけを繰り返し行うことが，陳腐化しやすい知識を強化，改良，開発することに役立つとします。卓越性の分析には以下の4項目が*12あります（前ページの図参照）。これは組織にも個人にも活用でき，卓越した知識を実効あるものにします。

（1）適切な知識をもっているか，成果があがる領域に集中しているか。
　成果をあげる領域で主導権を握れる水準の知識が必要です。環境は変化することから，新知識の学習，保有知識の種類と内容の点検，投下する領域の再検討が常に必要です。住民対応力，独自の技術・知識，効率的な仕事のやり方に関する卓越した知識を，住民価値を創造する領域に集中することが，成果実現の鍵です。

（2）貢献している知識は成果をあげているか。
　高度な専門知識でも，住民の評価と成果に結びつかない知識では，価値はありません。知識の陳腐化は速いことから，何が住民の評価に結びついているかの確認を徹底し改善します。

（3）知識は，公共サービスに十分組み込まれているか。
　卓越した知識があっても，それが組織内で評価されずに未活用の場合があります。知識を正しく評価し，住民ニーズを反映できる価値提供プロセスに組み

込み，成果に結びつく公共サービスとして提供します。
- **(4) 知識の利用方法を改善できるか，そこに欠けているものは何か，欠けている知識はいかにして手に入れるか。**

知識の強み，弱みを把握して，知識を住民や社会に貢献できるようにする方法を探し出します。常に組織の外から知識の活用方法を考えます。

■■■実践に向けての職員の視点■■■

課　長：【政策計画内容の変更】我々の政策計画内容は，目的，対象，内容，必要性・有効性，指標といった形式的な事項の記載が大部分で，それを具体化する戦略に関する記載が少ない。政策の実現には公共サービス，住民，コスト，知識に関する戦略が必要である。計画様式の改善を行なう。

職　員：【思い込みからの大損失】「8つの現実」「9つの問い」は，我々の思い込みと硬直性，そこから発生する機会損失の大きさを知らせてくれる。これからしても現状は住民ニーズに応えているとは言えない。マーケティング志向の徹底と自組織を外から見ることの重要性を思い知らされた。

主　査：【マーケティング研修の活用】先週，マーケティング研修を受講した。基礎コースは早い時期に職員全員の受講が，実践コースは政策形成に関係する職員全員が受講すべきものに変更しなければならない。住民志向の行動と政策力の向上が期待できる。

係　長：【専門知識を練り磨き上げる】マーケティング戦略で注目すべきは，住民創造における「知識」の重要性である。幅広く深い知識は多様な行動，より充実した政策，新分野への進出などを可能にし成長の源泉になる。知識は住民満足と価値創造に大きく貢献する。我々が保有する福祉，文化，協働などの専門知識を，住民の役に立つものに練り磨き上げなければならない。卓越した知識にしなければならない。

3 7つのイノベーション機会の分析と4つの戦略策定

革新

◯学習のポイント◯

これまでは，①今日の政策の成果をあげる，②潜在的な機会を発見するを検討してきました（P.144参照）。しかし，組織の継続的な発展には，③明日のための新しい政策の開発が必要になります。イノベーションが登場します。

1. イノベーションへの取組み

◆イノベーションの種類

イノベーションは，資源に富（価値）を創造する能力を与えます。石を鉱石に変え，植物を薬草に変え，風を電気に変えます。ドラッカーは「イノベーションが資源を創造する」[*1]とさえ言い切ります。イノベーションを実現するには，組織の戦略に体系的な機能として組み入れることが必要です。

イノベーションには3種類あります（右図参照）。1つが政策や公共サービスのイノベーションです。画期的な政策や公共サービスを開発することです。次が社会のイノベーションです。住民の行動や価値観を変えるようなイノベーションです。最後は支援・管理のイノベーションです。これは政策や公共サービスの流通や支援，管理に関するイノベーションになります。

◆すでに起こった未来

イノベーションの実現には，その徴候や機会を探すことが必要になります。その契機は，すでに発生した現象や兆候を分析することから得られます。社会的，経済的，文化的な出来事と，それがもたらす変化との間には，タイムラグがあります。発生した変化はどこかで現れます。ドラッカーはこうした変化

4章 **マネジメント展開編** マーケティング戦略とイノベーション戦略を活用して住民創造を実現する

3つの領域のイノベーション

意識的・体系的に変化を探す

- 公共サービスのイノベーション
- 社会のイノベーション
- 支援・管理のイノベーション

変化を機会とし富を創造する能力を資源に与える

信頼性 確実性 高い→低い

イノベーション7つの機会を活用

1. 予期せぬ成功と失敗を利用する。
2. ギャップを探す。
3. ニーズを見つける。
4. 産業構造の変化を知る。
5. 人口構造の変化に着目する。
6. 認識の変化をとらえる。
7. 新しい知識を活用する。

すでに起こった未来

を,「すでに起こった未来」とし,新しいものをもたらす潜在的な機会とします。イノベーションを考える上で大切な概念です。すでに起こった未来を探し出し,その対応を通じて,未来への前進とイノベーションの実現を可能にします。

2. イノベーションの7つの機会の活用

◆イノベーションの7つの機会[*2]（上図参照）

ドラッカーは,この「すでに起こった未来」を7つのイノベーション機会と呼んでいます。これを活用して明日を築く新たな政策に関する機会を探し出します。7つのイノベーションの機会は,大別すれば「組織や政策の内部に関するもの（1〜4）」と「組織の外部に起因するもの（5〜7）」になります。並び

順は，信頼性と確実性の大きい順に並んでいます。

(1) 予期せぬ成功と予期せぬ失敗を利用する。

成功は機会と強みが合致したとき，失敗はこの両者にズレがあるときに生じます。前と同じ業務を遂行しているのに，予期せぬことが発生する場合があります。これを環境の変化と認識し，すでに起こった未来としてイノベーションの機会とします。内容は①予期せぬ成功，②予期せぬ失敗，③予期せぬ出来事になります。最もリスクの少ない，最もイノベーションの機会になるものです。

(2) ギャップを探す。

あるべき姿と現実とのギャップです。つまり問題です。下記の4種類があります。このギャップを埋める方法がイノベーションになります。

①業績ギャップ：政策や公共サービスに対する需要が伸びているのに，住民満足が向上しない場合である。課題を明確にして取り組む。

②認識ギャップ：組織内部にいる人たちが，現実について誤った認識を持っている場合である。外に出ない，現場を知らない場合に発生する。

③価値観ギャップ：行政側が価値あると提供しているものと，住民が必要としている価値との間に違いが存在する場合である。思い込みが原因である。

④プロセス・ギャップ：1つの作業を行う一連のプロセスの中で，不安に感じたり困ったりする部分がある場合である。住民の参画などである。

(3) ニーズを見つける。

ニーズはイノベーションの母ですが，住民ニーズといった漠然としたものではなく，成果を産出する活動に伴う具体的なニーズです。

①プロセス・ニーズ：単年度予算など，現プロセスにある既知のギャップから生じるニーズ。現プロセスの欠陥を補うイノベーションになる。

②労働力ニーズ：労働力不足の懸念から生じるニーズ。女性の社会進出が拡大すると，関連した育児や家事に関するニーズが発生する。

③知識ニーズ：開発目的は明確になっているが，必要な新知識が不足している場合のニーズ。そのニーズが充足されると大きなイノベーションにな

る。

(4) 産業構造の変化を知る。

社会経済は変化します。行政組織は新政策や新しい仕事のやり方が求められます。またこの変化は，他分野からの参入の機会になります。現に公的分野には他分野の組織や人が参入しています。

(5) 人口構造の変化に着目する。

社会経済での大きな変化とそれが影響する出来事には，時間的な間隔があります。たとえば，人口の増減による子育て，学校，雇用，住宅，年金などの変化は明白です。20年後の国民年金加入者に加わる人は，今生まれています。その変化が生じるまでには，予測可能なリードタイムの存在があります。そこから社会や自組織への影響を考えます。

(6) 認識の変化をとらえる。

これは，ものの見方，感じ方，考え方の変化です。認識が変わるとき，イノベーションの機会が生まれます。かつて子育てや高齢者の介護は，家庭で行うものとされてきました。しかし現在は，地域で行うといった考え方への変化があります。

(7) 新しい知識を活用する。

発明や発見に基づくイノベーションです。大きな機会になります。しかし，最も成功が難しいのもこのイノベーションです。知識によるイノベーションは，実を結ぶまでの期間の長さ，失敗の確率，不確実性，付随する問題が他のイノベーションとはまったく異なります。忍耐力や資金力が必要になります。

3. イノベーション戦略1：総力戦略と便乗戦略

イノベーションの機会を把握できたら，それを実現する戦略を考えます。下記のイノベーションに成功する3つの条件[*3]を念頭に，ドラッカーが明示した4つの戦略[*4]を単独または組み合わせて活用します（P.165の図参照）。

①集中する：同時に異なる分野でのイノベーションはできない。

②強みを基盤とする:イノベーションにはリスクがある。忍耐も必要である。強みと使命との合致が重要である。
③社会や経済を変える:人の働き方や価値創造の方法を変える。

◆総力戦略とは[*5]

この戦略は、新社会や新産業を創造することを目標に、総力かつ迅速に取り組む戦略です。年金や健康保険制度、これからのエネルギー政策などが該当します。最高の起業家戦略であり、成功すると大きな成果が得られる反面、失敗のリスクが大きく困難も伴います。大きなイノベーションに活用します。

失敗が許されないことから、イノベーション機会についての深い分析と理解が必要です。明確な目標を1つ掲げそれに全勢力を集中します。成果が出てもさらに資源を投下します。強い意志が必要です。

◆便乗(ゲリラ)戦略とは[*6]

(1) 創造的模倣戦略

この戦略は、先発組織が開発し成功した政策や公共サービスを活用し、そこに独自の視点から住民ニーズに沿った付加価値をつけ、そこを創造的として提供する方法です。他組織の成功を活用し、政策ではなくニーズから、庁内組織からではなく住民生活からスタートする住民志向の戦略です。

創造的模倣戦略は、新政策や公共サービスの多くに適用できます。社会市場がすでにあり対象の住民の把握も可能です。総合戦略よりは小リスクです。

(2) 柔道戦略

この戦略も、創造的模倣戦略と同様に他組織の成功を利用します。最もリスクが小さく、最も成功しやすい戦略です。先発組織の政策や公共サービスが、様々な理由から対応していない部分を調べます。未対応部分の社会市場向けに、必要な機能に絞った、コスト優位性もある政策や公共サービスを提供し、次第に主導権を確保する戦略です。これも住民志向の戦略です。

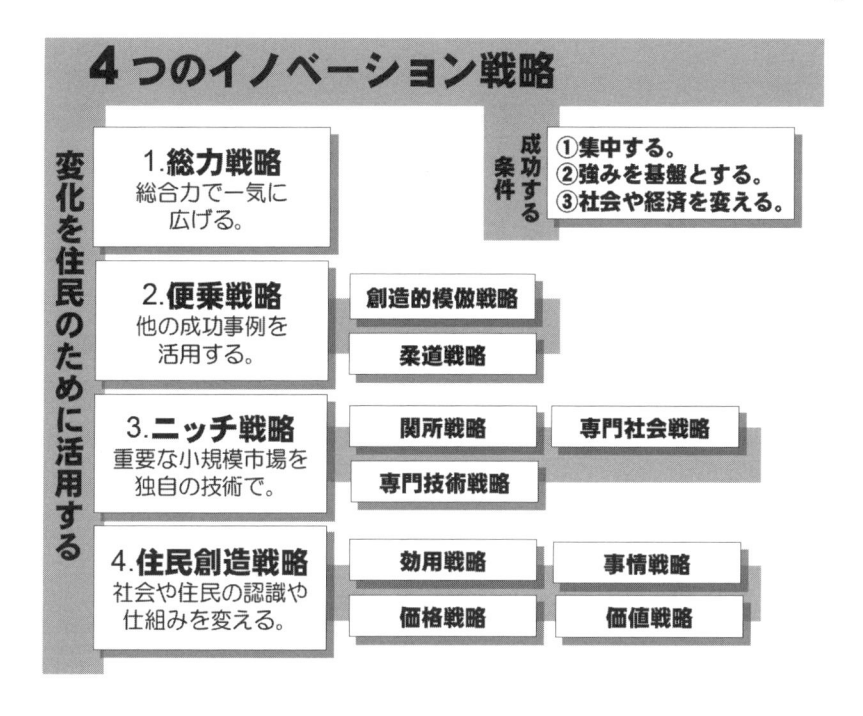

4つのイノベーション戦略

変化を住民のために活用する

1. **総力戦略**
   総合力で一気に広げる。

2. **便乗戦略**
   他の成功事例を活用する。
   - 創造的模倣戦略
   - 柔道戦略

3. **ニッチ戦略**
   重要な小規模市場を独自の技術で。
   - 関所戦略
   - 専門社会戦略
   - 専門技術戦略

4. **住民創造戦略**
   社会や住民の認識や仕組みを変える。
   - 効用戦略
   - 事情戦略
   - 価格戦略
   - 価値戦略

成功する条件
① 集中する。
② 強みを基盤とする。
③ 社会や経済を変える。

4. イノベーション戦略2：ニッチ戦略と住民創造戦略

◆**ニッチ戦略とは**[*7]

ニッチ戦略は，限定された領域で大きな成果をめざす戦略です。規模の拡大ではなく，質的なものが求められます。名声より実をとります。

（1）関所戦略

関所戦略とは，目標を限定し，限定された領域で実質的な独占をめざす隙間（ニッチ）戦略です。この戦略には，提供する政策や公共サービスが，その分野で不可欠であることの条件があります。小規模の自治体が，住民同士の密接な協働を政策の柱にする場合などがこれに該当します。

（2）専門技術戦略

政策や公共サービスに関する専門的な技術で，特定の社会市場やその一部を占拠する戦略です。新産業，新習慣，新社会，新行動が生まれる初期の段階に

最も有効です。タイミングが重要で，①機会を体系的に探す，②独自の技術を保有する，③常に技術の向上に努めるといった条件が必要です。

(3) 専門社会戦略

住民や社会についての専門知識を中心に策定します。住民と社会の変化から機会を発見し，それを政策化することで先進的な組織としての地位を手にします。他の内容は上記の専門技術戦略と同じで，下記の条件が必要になります。

①新しい傾向，産業，社会について，常に体系的に分析を行う。
②小さな工夫に過ぎなくとも，何らかのイノベーションを加える。
③常に公共サービスの向上のための努力を行う。

◆住民創造戦略とは[*8]

住民創造戦略とは，イノベーション自体が戦略になります。昔からある政策や公共サービスを，新しい何かに変えることや，効用・経済性・住民事情・価値に応じて変化させる戦略です。次の4つの戦略があります。

(1) 効用戦略

「住民の新しい効用」を考える戦略です。真のニーズ，潜在ニーズを把握しより住民に適合した政策や公共サービスを提供します。提供物自体の変化ではなく，使い方や提供方法の変化です。たとえば，図書館を貸し出しの施設とする場合と住民の学習支援センターとする場合では，施設の内容と組織活動が変わります。

(2) 価格戦略

支払いや価格設定の仕方を住民にあわせて工夫することです。供給者にとってのコストではなく，住民にとっての価値に対し価格を設定します。たとえば，保険料の分割納付と多少の割引による一括前納の両方を認めることで，契約をした人に選択の余地を提供します。

(3) 事情戦略

住民は合理的に行動すると考え，住民の事情を探り，それにあわせた提供方法を創造することで新便益を提供します。公共料金や違反金の支払いを，コン

ビニエンスストアでも可能にし，徴収率をあげることがその例です。

(4) 価値戦略

住民の事情をニーズの一部とする事情戦略の延長に位置し，住民にとっての価値を提供する戦略です。住民の公共サービスに対する受容と満足は，住民の現実と価値への対応内容で左右されます。これを，住民の効用，価格，事情，価値からスタートすることは，マーケティングの基本ですが，実践している行政組織は多くはありません。

住民は税金以外のコストも負担します。住民の真意を把握した税金を超える価値提供が必要です。住民の現実と評価する価値を基準にした政策，公共サービスを徹底して考えます。

■■■実践に向けての職員の視点■■■

部　長：【これからの政策形成の柱にする】庁内では，意識的にも組織的にもイノベーション戦略を考えたことはなかった。地域の現状を見れば，我々の現在のやり方の継続では成果は期待できない。住民から新政策，新公共サービスが求められている。イノベーションを政策形成の柱として組み込む必要がある。

課　長：【活用して新価値創造】既存資源から価値を創造する能力を向上させるイノベーションの考え方は，歳入減，歳出増が予測される行政組織には不可欠である。ドラッカーは，現在の取組みに小さな工夫をすることもイノベーションとする。積極的かつ気軽に活用し新価値を創造する。

主　任：【山中教授も体験】イノベーションの7つの機会を業務で活用し新しいことに取り組む。ノーベル医学賞を受賞した山中教授も「予期せぬ失敗」に興奮し，その原因追求に没頭する研究姿勢が，IPS細胞の画期的なイノベーションにつながったと語っている。

4 基本戦略推進のための起業家的組織の構築

推進

◯学習のポイント◯

現在では，イノベーションとは無縁と思われていた行政組織が，最もイノベーション的になることが求められています。これには，イノベーションを継続的に行うことができる体制を整えることが必要です。

1. 行政組織の起業家精神の醸成

◆イノベーション体質への取組み

環境の変化はイノベーション機会をもたらし，同時に多くの政策を陳腐化します。ここで，イノベーションの実施と成功を阻止する最大の障害は，既存政策，特に成功している政策にあります。

既存政策は，イノベーションを嫌い自らを維持し続けようとします。このことが資源の浪費につながり，組織の変化対応力を硬直的なものにします。既存政策がイノベーションの障害になることは，予算制度や多くの利害関係者との関係から（P.79参照），前例踏襲になりがちな行政組織には，特に注意が必要です。

変化の激しい知識社会では，行政組織には，変化を当然とし，新しいことを行うことに価値を見い出す起業家精神の醸成と，イノベーション実施体制の構築が求められます。それには，下記の事項に取り組む必要があります。

①変化を脅威でなく機会と見る起業家的組織体質づくり。
②起業家精神のための政策の実施。
③イノベーションの推進に関する評価，組織に関する工夫。

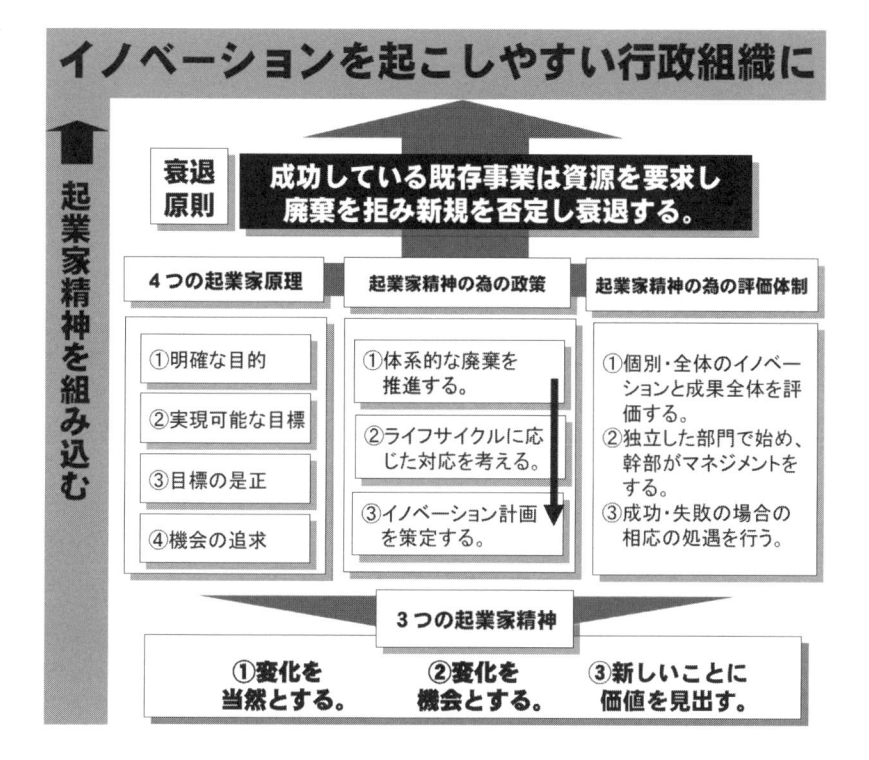

イノベーションを起こしやすい行政組織に

起業家精神を組み込む

衰退原則：成功している既存事業は資源を要求し廃棄を拒み新規を否定し衰退する。

4つの起業家原理
①明確な目的
②実現可能な目標
③目標の是正
④機会の追求

起業家精神の為の政策
①体系的な廃棄を推進する。
②ライフサイクルに応じた対応を考える。
③イノベーション計画を策定する。

起業家精神の為の評価体制
①個別・全体のイノベーションと成果全体を評価する。
②独立した部門で始め、幹部がマネジメントをする。
③成功・失敗の場合の相応の処遇を行う。

3つの起業家精神
①変化を当然とする。
②変化を機会とする。
③新しいことに価値を見出す。

◆**起業家精神の組織体質づくり（上図参照）**

変化を機会とする組織体質構築の基盤には，以下の3つの起業家精神[*1]を据えます。それは新しいもの，違うものを歓迎し創造する能力です。

①意識：変化を当然のこと，健全なこととする。
②視点：変化を機会として利用する。
③行動：新しいことを行うことに価値を見出す。

明日の政策を創ることであり，成果の小さい分野，縮小しつつある分野から，成果の大きな分野，しかも拡大する分野へと資源を向けることです。

この起業家精神の発揮に関して必要とする次の4つの起業家原理[*2]があります。ドラッカーは，この原理を適用することで，行政組織はイノベーションが可能になると説明します。それは組織の目的を念頭に変化を機会としてとら

え，実現可能なバランスのとれた目標を設定し改革に挑むことです。

(1) 行政組織は明確な目的をもつ。

社会に貢献する機関としての自分たちの目的を明らかにします。目的がないと組織は現状維持的になり，変化を受け入れることは期待できません。行政には，「最大の福祉を最少の資源」とする地方自治法の目的があります。目的をもつ行政はイノベーションが可能です。

(2) 行政組織は実現可能な目標をもつ。

完全なる正義の実現といったよき意図だけでは前には進めません。組織の相当な努力で達成可能な目標を設定することが，成果に向けた前進を可能にします。目標を最大ではなく最適な水準にします。

(3) 行政組織は目標の間違いを認める。

目標の未達が続く場合は，目標と設定方法を再点検します。資源は常に有限です。目標は大義だけではなく，費用対効果に関わる目標も設定します。努力しても未達で社会に貢献できない目標は，目標として間違っています。さらに努力する理由にはなりません。

(4) 行政組織は機会の追求を自らの活動に組み込んでおく。

変化を脅威ではなく機会としてみます。イノベーションを計画的に起こします。イノベーションに成功する行政組織にはこの視点があります。

2. 起業家精神発揮のための政策と評価・組織体制

◆起業家精神を発揮するための具体的な政策[*3]

(1) 体系的廃棄を推進する。

すでに活力を失ったもの，陳腐化したもの，生産的でなくなったものの廃棄を制度化します。既存のものの廃棄は，組織がイノベーションを実施するうえでの前提になります。ドラッカーは，行政組織には自動的な廃棄システムを組み込むべきと主張しています。

(2) 経営資源のライフサイクルを考えた必要性の把握をする。

　公共サービス，社会市場，流通（協働）チャネル，プロセス，技術には，いずれもライフサイクルがあることを前提として現状を把握します。各ライフサイクルの分析を通じて，既存政策が推移した場合と実現すべき目標とのギャップを明らかにします。そのギャップを，既存政策が陳腐化する前に充足します。

(3) イノベーション計画を策定する。

　分析内容に基づいて，イノベーション計画を策定します。目標を設定し，実施内容を策定し，適切な人材を配置し，必要な道具，資金，情報を与え，明確な期限を設けます。

◆イノベーションの評価

　組織の評価体制に，イノベーションの成果についての評価[*4]を組み込みます。評価なきところに行動は期待できません。起業家的な成果を組織的に評価することで，その行動を誘発します。

　①プロジェクト毎の成果を目標によって評価できるようにする。これで自分の得意や苦手，再検討の必要性などを知ることができる。

　②イノベーションに関わる活動全体を定期的に点検する。これにより，推進すべきイノベーションや新しい機会をもたらすイノベーションの選択，遅れているイノベーションの取り扱いや廃棄などを考える。

　③イノベーションの成果全体を，イノベーションに関わる目標，社会における地位，組織全体の成果との関連において評価する。主な部門の過去数年の貢献実績と将来での貢献予定を検討する。

◆イノベーションの組織と処遇

　人は組織の中で働きます。イノベーションが行える組織体制を考えます。

　①イノベーションのための活動は，既存の政策のマネジメントとは切り離して独立した組織で行う。未知の新政策の創造と実績のある既存政策の両方

を，同時にマネジメントすることはできない。
②適した能力のある人を配置すると同時に，組織の責任者にはトップマネジメントの一人を任命し，明日の政策に責任をもたせる。
③評価方法にも工夫が必要である。イノベーションは冒険でもあり，失敗することもある。過去を廃棄する勇気と未知にかける挑戦や冒険には加点方式を用意する。失敗しても元の職場や環境に戻れるようにする。

ドラッカーは，イノベーションに関する組織について，「変化ではなく沈滞に抵抗する組織をつくることが最大の課題である」[*5]とします。そしてそれは可能であり実例も多いとします。あらゆる兆しから見て次世代は，イノベーションの時代です。行政組織の対応が急がれます。

■■■実践に向けての職員の視点■■■

課　長：【次世代自治体では】群馬県のO市のトップは，これからは「変化を脅威ではなく機会とみる組織」が必要として，果敢にマーケティングとイノベーション重視の組織を創りあげようとしている。

職　員：【課題は多い】必要性は理解できたが，日常的な改善運動さえ続けられない我々が，どのようにしてイノベーション的素養を身につけるか課題は多い。マネジメント力を体得しなければならない。

係　長：【増税への抵抗感】歳入減が続くと現状の社会福祉は維持できなくなる。増税が考えられるが，市民からは，所得の一部を効果的に活用できない政府・行政に，資金はもう付与したくないと言われる。

部　長：【貢献できる公務員と行政に必要】我々はマネジメントが上手で，マーケティングとイノベーションを好む新組織に変わらなければならない。そこに住民の信頼をつなぎとめ，困難な時代でも成果を実現し，社会に貢献できる公務員と行政への道がある。

though
5章 マネジメント日常編

毎日の日常業務に
マネジメントを適用して
成果を実現する

M市のマネジメント改革 （5）職員活躍

職員：マネジメントは個々職員の能力から最高のものを引き出します。
（マネジメント導入検討会7：[総合企画部＋各部職員多数参画]）

部　長：今日，ここにお集まりの多くの職員皆さんの熱心かつ協働的な貢献で，
①全庁へのマネジメントの基本的な考え方の浸透
②各部署での強みの活用や集中の徹底といったマネジメント実践
③政策形成におけるマーケティングやイノベーションの活用
などが実現しつつあります。後は，これを全職員の具体的な日常活動に拡大し，すべての現場でマネジメントが実践できる体制を整備したいと思います。

課　長：ドラッカーがマネジメントの定義で使用したマネジャーとは，「管理職ではなく組織の成果に貢献する人」を意味しています。つまり，ここにいる市役所で働く職員すべてにマネジメントが必要です。

主　査：個々の職員が組織と自らの成果に貢献するには，全庁の使命や方針を理解し，それを自らの業務に反映した行動が必要になります。これに関しては「個々職員の日常業務へのマネジメント適用」として，企画職員が骨子をまとめています。では報告をお願いします。

◆企画職員のプレゼンテーション要旨（右図参照）

　　　　　　　　　ドラッカーは，知識労働者である公務員は，自分をマネジメントしなければならないとする。マネジメントを理解し，貢献を意識して自己目標を設定する。仕事の生産性を高め，自分と周囲の強みを活用して，重要な仕事に集中して行動する。これにより，価値ある成果を生み出すことができる。

　マネジメントは，福祉の専門知識を有する我々職員が，担当する領域で，他との協働により，大きな成果を実現するための実践的な方法論である。この自

5章　マネジメント日常編　毎日の日常業務にマネジメントを適用して成果を実現する

分をマネジメントする方法には，これまで学習し実践してきた組織に適用するマネジメントも活用できる。

　マネジメントを学習し，自分から最高のものを引き出して行動し，組織に貢献できる職員の多い組織が，「地方と国」の再生と創生に貢献することができる。このことは，公僕としてのこの職業を選んだ我々の本懐でもある。

企画職員が作成した「図解：次世代公務員と行政組織」

ドラッカーがめざした
人々の幸せに貢献できる次世代公務員と行政組織の姿

マネジメントを理解し実践できる職員（〇）が多い組織

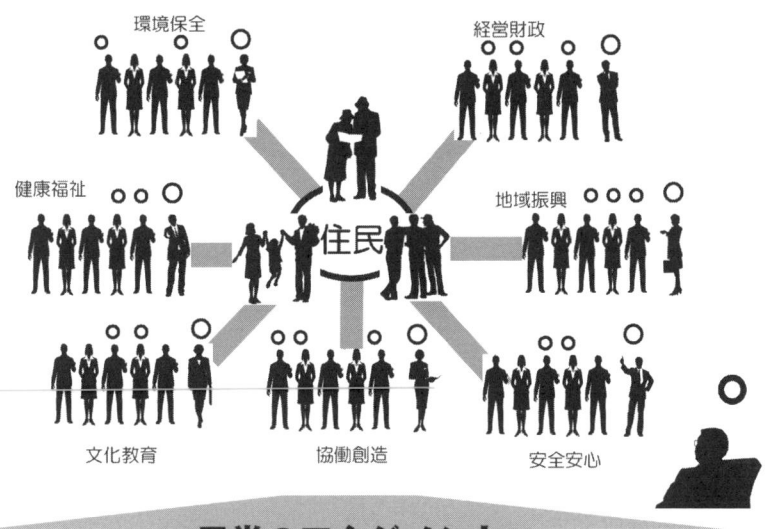

環境保全　　　　　　　　　経営財政

健康福祉　　　　　　　　　地域振興

住民

文化教育　　協働創造　　安全安心

日常のマネジメント

貢献姿勢	目標管理	産出増加	強み発揮	時間管理	重点集中	意思決定	総力発揮
1	2	3	4	5	6	7	8

職員：次世代公務員には自分へのマネジメント適用が必要です。

◆自己の使命なしでは意義ある仕事はできない

各部職員：マネジメントが，日常業務を担当する一般職員にも必要なものであるといったドラッカーの指摘は，マネジメントを上司の統制型の「業務管理」「服務管理」として理解していた私には驚きです。これまでマネジメントを学習し実践してこなかったことが悔やまれます。

各部職員：職員個々が自分の仕事にマネジメントを適用し，そこから最高のものを引き出して行動し，住民が納得する社会的な成果と自己実現をめざすといった内容は，次世代の公務員の姿を示すような内容です。

各部職員：先のプレゼンテーションで，職員個々へのマネジメントには，組織に適用してきたマネジメントが活用できるとありましたが，具体的な説明をお願いします。

職員：マネジメントは，個人がリーダーの役割を担うときには組織に適用し，個人で仕事を行う場合は自己に適用します。人と組織の役割発揮には，共通の部分がたくさんあります。

たとえば，マネジメントの3つの役割を個人に適用すると，①自ら特有の使命を果たす，②自らが担当する仕事を生産的なものにして自分の成果をあげる，③自らが社会に与える影響を処理し社会的な貢献を行う，といったようになります。マネジメントは，個人にも成果をもたらします。

各部職員：たしかに，自分の使命や仕事を明確にしないで，社会に貢献しかつ自己実現が可能な仕事が担えることはありません。これまでの与えられた仕事をこなすといった私の業務姿勢は，改めなければなりません。福祉的な成果を出すことも，そのために仕事を通じて自らの能力を発揮することも，自らにマネジメントを適用することで可能になることです。入庁して3年ですが，今日からマネジメントを学習します。

5章　マネジメント日常編　毎日の日常業務にマネジメントを適用して成果を実現する

係　長：日常業務で行うべきことも，自分のやりたいことではなく，幸せ地域社会の実現を「使命」とし，「住民の創造」を目的とする組織に貢献することです。これには，自分の仕事の顧客である住民を明確にして，そのニーズを把握しなければなりません。

主　任：ニーズの把握と実現には，マーケティングとイノベーションが必要になります。住民の真意を把握し，画期的な提案で住民の課題解決に貢献します。強みの活用は，組織から「個人の強み活用」に代わります。私たちは，自分で考え行動し成果を産出することが求められます。

◆意義ある成果が出せそうで楽しくなってきた

主　査：ドラッカーは，専門知識で仕事を行う職員が成果をあげる方法として，職員個々の「自己マネジメント」を重視しています。その具体的な方法の1つに自己目標管理があります。自分で考えて行動して修正し，組織全体に貢献する体系です。

職　員：ドラッカーは，他にも成果をあげる取組みを5つの習慣（時間管理，貢献追求，強み活用，集中徹底，意思決定）として説明しています。

各部職員：たしかに，仕事の成果を考え，仕事に必要な時間を確保し，自らの強みと上司・同僚の強みを活用して，成果につながる重要課題に集中することで，正しい決定と意義ある成果が出せそうです。地域社会に貢献できそうで，何か楽しくなってきました。

課　長：マネジメントがトップや幹部のものだけではなく，次世代を担う我々職員が，仕事を行う上で必要であることが明確になりました。マネジメントを理解した職員の多い組織が，自らと組織の成果を最大にすることができます。それは，ドラッカーがめざした，人々を幸せにする社会の実現につながります。職員すべてがマネジメントを学習し，自らの業務に適用させなくてはなりません。

1 組織で働く職員の基本姿勢は他への貢献

姿勢

学習のポイント

専門領域では最適な意思決定者になる公務員は，成果に向けて自らをマネジメントすることが求められます。その最初は，自ら担うべき領域を明らかにし，自らの能力を発揮して全体成果への貢献をめざすことです。

1. 貢献を考えることが職員に成果をもたらす

◆他に役立つ貢献の重要性

現代は知識労働者である職員の時代です。職員の行動に成果が求められます。職員の行動の結果は，同僚や住民といった他の人が活用し評価することで成果になります。職員が成果をあげるには，組織の目標に関連した他に役立つこと，つまり「他者への貢献」の実践が不可欠になります（右図参照）。

貢献とは，社会，組織，他の人の役に立つことです。職員には，担当領域における意思決定で，他との結合でより大きな成果をあげる責任があります。他への貢献は自らの成果と自己実現，そして存在に関わるものです。

貢献は相手を理解することから始まります。コミュニケーションが必要になります。貢献の対象になる人たちの声に耳を傾けます。自分が貢献すべき内容，時期，方法について理解ができます。自分のやりたいことではなく，他や組織全体の成果のための「なすべきこと」「やるべきこと」「できるべきこと」について考え，責任をもつようになります。

人は，他に貢献することでしか，社会での成果は得られないことを体得できます。自分の役割がわかります。

5章 マネジメント日常編 毎日の日常業務にマネジメントを適用して成果を実現する

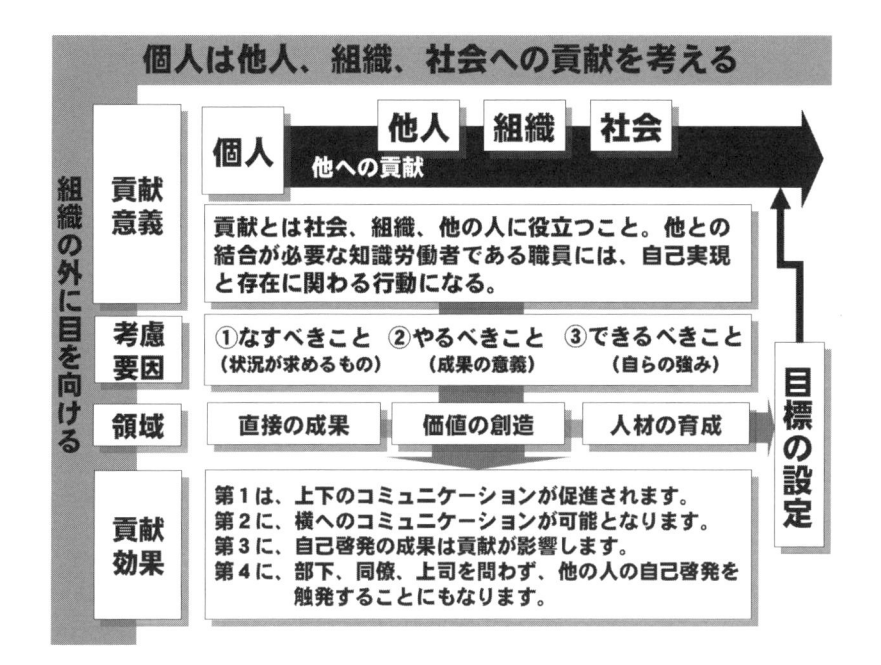

個人は他人、組織、社会への貢献を考える

組織の外に目を向ける

	個人 → 他人 組織 社会
貢献意義	貢献とは社会、組織、他の人に役立つこと。他との結合が必要な知識労働者である職員には、自己実現と存在に関わる行動になる。
考慮要因	①なすべきこと（状況が求めるもの）　②やるべきこと（成果の意義）　③できるべきこと（自らの強み）
領域	直接の成果　価値の創造　人材の育成
貢献効果	第1は、上下のコミュニケーションが促進されます。 第2に、横へのコミュニケーションが可能となります。 第3に、自己啓発の成果は貢献が影響します。 第4に、部下、同僚、上司を問わず、他の人の自己啓発を触発することにもなります。

目標の設定

◆貢献すべき内容

　組織は社会の機関です。組織は社会に貢献します。個人は組織に貢献します。他への貢献を志向する個人の増加は、組織と社会を変える力になります。自らの貢献内容の検討には、以下の3つの要素を参考にします[*1]。この3つが重なり合うところに貢献が生まれます。

(1) なすべきこと：状況が求めるものから考える。

　貢献すべきことはやりたいことではありません。状況、つまり社会や状況が求めることです。他のニーズに応え、他の役に立つことです。すると目標は意義のあるかなりの高さが必要なものになります。達成可能なように自らを高めなければなりません。とるべき具体的な行動が明らかになります。

(2) やるべきこと：成果の意義から考える。

　成果は意義あるもの、つまり組織の使命に関連したもの、社会を変えるもの、信じられるものです。目に見えてできるだけ数字で表せるものです。

(3) できるべきこと：自らの強み，仕事の仕方，価値観から考える。

　何かをなしとげられるのは強みだけです。また得意なやり方が仕事の成果を高めます。組織と職員の価値観の一致も大切です。一致しない場合は調整が必要です。自らの価値観を優先する取組みが，自分から最高のものを引き出し成果に大きく貢献します。

2. 貢献による人間関係に関する4つの能力の獲得

◆基本的な能力を身につけられる

　貢献に焦点をあわせることによって，①コミュニケーション，②チームワーク，③自己啓発，④人材育成という，成果をあげるうえで必要な人間関係に関する4つの基本的な能力[*2]が身につきます。

　第1は，上下のコミュニケーションが促進されます。仕事において貢献する人は，部下にも期待すべき貢献を要求します。部下が自分の貢献を考えるようになります。上司の側にも，部下の考える貢献についての支援と責任が生じます。こうしてコミュニケーションが可能かつ容易となります。

　第2に，横へのコミュニケーションが促進されます。自ら産出するものは，他の人に利用されることで成果に結びつきます。このことが，同僚やチームの大切さを認識させます。また，上方への貢献を通じて，不完全な組織を動かすに必要な仕事とコミュニケーションに対する理解を得ることができます。チームワークがよくなります。

　第3に，自己啓発の成果に影響します。組織に対する自らの貢献を考えることで，必要な自己啓発の内容，身につけるべき知識や技能，強みを適用すべき仕事，自分の基準内容を考えることになります。

　第4に，部下，同僚，上司を問わず，他の人の自己啓発を触発します。個人の基準ではなく，仕事のニーズに根ざした基準を設定します。強い意欲，野心的な目標，大きな影響力のある仕事の追求になります。

◆他への貢献は自らを高める

　知識労働者である職員は，自ら求める要求と成果とするものに従って成長します。ドラッカーは，「自らに少ししか求めなければ成長しない。多くを求めるならば，何も達成しない者と同じ努力で巨人に成長する」[*3]とします。「他者への貢献」を求める職員は，周囲の人や組織の成果に目を向け，そこから自己を高めることで大きな成果を手にすることができます。

　職員は，貢献に焦点をあわせることで，組織内部での努力から成果が存在する外部に目を向け，成果をあげることに焦点をあわせるようになります。組織で働く職員の基本姿勢は他への貢献です。

■■■実践に向けての職員の視点■■■

部　長：【貢献の姿勢は社会を変える】ドラッカーは，他への貢献意識がない人は成果をあげられない。能力や技術があっても，住民ニーズに貢献できなければ成果にはならないとする。私も含めた職員すべてに，この他への貢献の重要性が浸透することで，組織や仕事が社会で本当に役立つものに変わることがイメージできる。

主　査：【もっと成果を出せる】個人の知識だけでは解決できるものは少ない。上意下達の縦割りの課内で手慣れた仕事をしていることが，意義少なきことであることを自覚させられる。自分の可能性をもっと追求しなければならない。

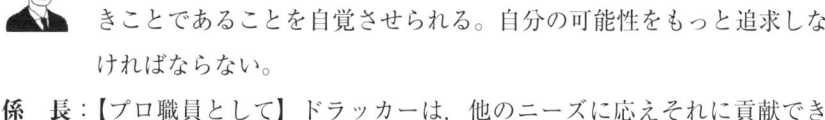

係　長：【プロ職員として】ドラッカーは，他のニーズに応えそれに貢献できる人をプロフェッショナルとする。自分のできること，好きなことをしているだけでは，社会の機関である行政組織のプロの職員ではない。自分以外のものに目を向け，自らの強みを活かし，なすべきことに集中する。組織で働くとは他に貢献することである。そこに自らの成長がある。

2 全体目標と個人目標を両立する自己目標管理の活用　目標

学習のポイント

組織の目標を達成するには，職員すべてが共通の方向に向けて行動しなければなりません。全体の貢献につながる自らの目標を設定し，その達成のために自らの仕事ぶりにマネジメントを適用します。それが自己目標管理です。

1. 自己管理による目標管理で成果を実現する

◆組織は間違うことが多い

ドラッカーは，個人と組織が成果をあげるには，トップから現場の職員まで，明確な目標をもつ必要があるとし，「自己管理による目標管理」を提唱します。一人ひとりの目標と全体の目標を調和させるためのマネジメント原理です。組織全体の成功と個人の貢献，自己実現を両立させる仕組みです。

目標は成果の達成度合いを明示します。成果をあげる領域は，①直接の成果，②価値の創造，③人材育成です（P.59参照）。各領域での取り組むべき成果を明らかにして，それに基づいて達成すべき目標を具体的に設定します。

ただ実施には注意も必要で，下記の要因[*1]から組織の目的と個人の貢献のバランスが失われ，組織が間違った方向に行く危険もあります。全員で住民から期待されている成果をよく理解し，「なすべきこと」を「やるべきこと」から考え，「できるべきこと」で実現できるようにします。

①専門志向：職員の専門性重視志向から，自分の仕事向上が目標になる。
②上下関係：上下のコミュニケーション不足から内容が迎合的になる。
③階層構造：幹部と現場の考え方の乖離から間違った方向づけになる。
④報酬影響：報酬の多寡により意図しない評価が生じる。

◆貢献を考える

　目標の設定に際しては，社会のニーズ，組織への貢献，自らの強み，仕事の仕方，価値観を考慮します。この例としてドラッカーがあげる事例が，「三人の石切工」の話しです。

　懸命に仕事をしている三人の石切工に，何をしているのかを尋ねました。最初の男は腰をさすりながら「これで暮らしを立てている（報酬）」，第2の男は手を休めず「国中で一番上手な石切りの仕事をしている（自己目標）」，第3の男は頭を上に向け「大寺院をつくっている（人の幸せ）」と答えました。

　三人とも石を加工していることは同じなのですが，前者の二人は，その狙いが報酬や能力といった個人の成果になっています。最後の石切工は，自分のことだけではなく，社会や組織全体の目標を理解し，そこから自らの強み，仕事の仕方，価値観を考慮して，自分が貢献すべき成果を考え，より挑戦的な目標を設定しています。まさに人の幸せに奉仕する人の行動です。このような目線をあげた貢献の姿勢は，個人と組織に偉大な成果をもたらします。

2. 組織全体と個人の目標とコミュニケーション

◆組織全体の目標・方針から個人の目標・方針を考える

　組織の目的は，個々の職員の活動で実現されます。職員の活動を組織の目的に結びつけるには，組織全体の目標と個々職員の目標が，共通の方向に向けた整合性のとれたものであることが必要です。

　組織は社会の要請に応えて，全体の目標・方針を設定します。職員は，自分勝手に目標を設定するのではなく，その組織全体の目標・方針をよく理解し，そこから担当領域の住民ニーズ（なすべきこと）や自分の役割（やるべきこと），自分の能力（できるべきこと）を考えて目標・方針を設定します。

　職員の目標設定は職員自身の責任です。自分から最大の能力を引き出す目標を設定し行動につなげます。これにより，個々職員の目標が達成されたときには，組織全体の目標も達成され，社会への貢献にもつながります。

4つの利点　自己管理による目標管理

トップから職員まで明瞭な目標をもつ

- **全体貢献**：全員の目標を組織全体の成果貢献に結びつける。やりたいことから「なすべきこと」へ。
- **仕事責任**：組織の目標設定に参加し、自らに高水準の「やるべき」自己目標を求めその仕事に責任をもつ。
- **最善行動**：目標からの要求であることから自らの意思で「できるべきこと」へ最善をつくして行動する。
- **迅速改善**：自ら評価することで迅速で最適な改善が可能になり持続的な成果をもたらす。

◆自己管理によるマネジメントの特徴

　自己目標管理は，統制型のマネジメントを自己マネジメントに移行させ，下記のような貢献と自己規律，強い動機づけを可能にします（上図参照）。

　(1) 全体への貢献：全員の目標が組織の成果に貢献する。

　目標は「やりたいこと」ではなく「なすべきこと」です。住民ニーズと全体目標への貢献といった観点から，住民ニーズ→全庁目標→各部署の目標→個人の目標と展開します。

　また目標は，組織同士の目標達成への貢献や短期と長期のバランスを考慮し，先の3つの領域に設定します（P.59参照）。

　(2) 仕事への責任：自分で目標を決めることで仕事に責任をもつ。

　職員は所属する組織の目標設定に参画します。組織と自らのあり方に求められている「やるべきこと」を理解し，自らに高い要求を求めて自己の目標を決定します。目標の達成に責任をもつようになります。責任への覚悟は自己の存在をより確実なものにします。

　(3) 最善の行動：自己設定目標からの要求ゆえに自らの意思で行動する。

　実施では，各自に大きな責任と権限を付与し，自由に決定できる自律性を確保します。これで最善をつくす願望が喚起され，目標達成に向けて主体的に努

力し、「できるべきこと」の範囲を広げ、個人と組織の成果に貢献します。

（4）迅速改善：仕事ぶりを自己評価することで迅速な改善が可能になる。

　自己管理には評価基準と情報が必要です。仕事ぶりを自己評価し、必要な措置がとれるよう仕組みを整備します。自分の仕事についての基準と情報があることから、迅速で最適な改善が可能になり持続的な成果が期待できます。

◆自己目標管理とコミュニケーション

　個人による目標設定は、組織内のコミュニケーションを高めます。部下は上司の目標に対し、自ら貢献できる内容を明らかにし同意を求めます。同僚が策定した目標内容との相互の調整も行います。上司も部下の目標が適切なものかを確認し、全庁目標に貢献する自部門の目標を策定します。

　こうした「なすべき貢献」を基点にした、組織内の徹底したコミュニケーションが、仕事を生産的なものにし、同時に職員の「できるべきこと」の拡大を促進します。

■■■実践に向けての職員の視点■■■

部　長：【職員は自分で考え行動する】知識労働者である職員を、外から管理することは労多く益が少ない。自己マネジメントが原則で、自己目標管理で組織と個人の目標の方向を一致させ、全体と個人の目標を両立させる。

主　査：【次世代自治体では】次世代自治体での目標管理の導入方法はシステム的である。最初に経営の仕組みを構築し、同時に職員のマネジメント教育を徹底し、そこに目標管理を導入活用している。マネジメントの理解があることから、職員が自らの行動にマネジメントを適用し、本人と組織の成果に結びついている。形式、手続的ではない。手法の導入だけでは、組織の成果には結びつかない。

3 職員の生産性向上を実現する6つの条件

生産

○学習のポイント○

目標を設定した後は，それを実現する活動での資源の効果的活用が課題になります。資源の調達増が望めない時代では，既存資源からの産出増が重要になります。職員個々の生産性向上の成否が成果に影響します。

1. 仕事の目的を明らかにすることで生産性をあげる

ドラッカーは，知識という資本を所有している知識労働者の生産性向上に関して，6つの条件[*1]を提案します。本人の生産性ですから自発的に取り組みます。これにより既存資源からの産出増を実現します。

(1) 仕事の目的を考える。

最初に，職員自身が仕事の目的を明確にします。住民にとっての価値は何かを考えます。そこから行うべき仕事を明らかにし，その仕事に集中し他のことは可能な限りなくします。生産性向上の第一歩は，「いかによく行うか」を考える前に「何が目的か」を考えることです。

(2) 働く者自身が生産性向上の責任を負い自らをマネジメントする。

仕事の目的を職員自身が決めることで，仕事の生産性と成果について責任をもちます。仕事上の判断は成果が存在する外の基準で行い，その内容は住民起点で，マーケティングの活用と資源の組み合わせを考えたものになります。

(3) 継続してイノベーションを行う。

組織の外の普遍的な特性は変化です。変化に対応し資源増を可能にするイノベーションを日常の仕事にします。現状の強化ではなく，新しい価値を創造し成果を飛躍的なものにします。半年か1年ごとに，イノベーションの7つの機

会を活用して仕事を体系的に検討します。

2. 仕事の質を変えることで生産性をあげる

(4) 自ら継続して学び人に教える。

職員が保有する知識は直ぐに陳腐化します。継続的な学習が必要です。また他に教える行為は，自己の仕事を見直し，仕事の本質とそれに関連した背景の理解が必要になります。学び教えることは，自らの増力に貢献します。

(5) 知識労働の生産性は，量よりも質の問題であることを理解する。

知識労働の生産性は効果性に依存します。予算額の前年比ではなく，質的成果の前年比です。質には加算より相乗効果が有効です。重要なのは各強みを協働の働きに結びつけることです。仕事の目的，内容，実行，改革，学習の質が問われます。視察や会合・会議の回数，残業の多さではありません。

(6) 知識労働者は，組織にとってコストではなく資本財である。

資本財ですから価値を高めること，活用することが生産性の焦点になります。削減することではなく価値を高めることです。評価の重点は，費やされたものではなく，成果の大きさです。

■■■ 実践に向けての職員の視点 ■■■

主　査：【次世代自治体では】千葉県のN市では，住民ニーズ，強み，改善結果，外部事例を，個々職員の業務プロセスに反映させて，日常業務の生産性を向上させている。残業時間も減っている。

課　長：【生産性向上の余地は大きい】組織の目的に貢献しない仕事は，廃止かアウトソーシングの適用を考える。残ったものには住民ニーズの再確認，イノベーションと強みの活用，相互学習，内外の協働推進などにより，効果的，効率的なものを追求する。このように考えると業務の生産性向上の余地は大きい。

4 職員が仕事で卓越した強みを発揮する7つの方法

強み

◯学習のポイント◯

個人の成果と自己実現の達成を通じて社会に貢献するには、自らの強みを把握して仕事に活かすことが必要になります。その強みの中心に位置するのが「知識」です。個人の卓越した知識を政策に反映させます。

1. 強みには知識の卓越性が必要である

◆知識の強みに着目する

人が成果をあげる上で最も効果的なのは、機会に自らの「強み」を集中させることです。ドラッカーは何かをなしとげるのは強みとします。自らをマネジメントし、自分から最高のものを引き出し、それを実践で活用して成果を手にすることで、自らの強みとすることができます。

ドラッカーは、知識社会では知識の強みが重要であるとします。知識は政策から行動までの幅広い対象に適用が可能で、人と組織の成果に強い影響を与えます。高度な専門知識、独創的な企画力、効率的な業務遂行力に関する独自の知識は組織の強みになります。その知識は職員が保有します。職員個人の知識を卓越したものにすることが、組織の成果に大きく貢献します。

◆職員の強みを練り磨き上げる

しかし最初から、有力な強みを持っている職員は希です。強みと思っていても、実行して成果があがらなければ強みではありません。そこで、最初は強みの確認です。フィードバック分析を通じて強みを把握し、強みを活用する7つの方向を活用して強みを練り磨き上げます。誰からも認められる明瞭な成果を

あげ続ける卓越した能力にします。この職員個人の強みは，職員個人と組織の成果に貢献し，同時に自己実現を可能にします。

2. フィードバック分析の実施と活用の7方向

◆フィードバック分析で強みを把握する

まず最初に何ができるかを考えます。「他の人には難しいが，自分には簡単にやれることは何か」を考えて仕事に取り組みます。ここにドラッカーが推奨する，自分の強みを把握する方法であるフィードバック分析を活用します。

方法は簡単で，何かを意思決定する際に，期待する成果を書きとめておきます。9か月後，1年後に，その期待した成果と実際の結果を比較検討します。この検討を通じて，優れた仕事，一生懸命やった仕事，お粗末な仕事を把握します。2〜3年このフィードバック分析を続けると，次の結果が得られます。

①自分の強みが明らかになる。
②強みを発揮するうえで邪魔になっていることが明らかになる。
③得意でないことが明らかになる。
④まったく強みのないこと，できないことが明らかになる。

◆強みを活用する7つの方向[1]（P.191の図参照）

フィードバック分析で把握ができた自分の強みを活用するために，以下の7つの方向を検討し実践します。強みを実践によりさらに強化します。上記の①自分の強みは集中して更に伸ばします。②の強みを発揮するうえで邪魔になっていることについては改善を行います。③や④でわかった，自分の強みの強化に不足していることは学習をします。

（1）強み集中：強みに集中し行動する。

成果を産み出す機会，活かせる仕事を探して，明らかになった強みをそこに集中します。強みは行動によりさらに開発されます。仕事で成果をあげる可能性が高まります。

(2) 強み強化：強みをさらに伸ばす技能や知識を身につける。

　成果と強みの比較検討から，伸ばすべき技能や新たに身につけるべき知識，更新すべき技能や知識が判明します。これを参考にして資源を集中して強みをさらに伸ばします。卓越性の追求になります。人はコストではなく資本財です。活用し磨き上げることで個人と組織の財産となり，担う仕事の価値を引き上げます。

(3) 傲慢改善：知的な傲慢を正す。

　他の分野の知識を尊重します。仕事の失敗の多くは，専門以外の知識を軽視していたことに起因します。専門知識の結合が必要な知識労働者には，他に関する知識は重要です。

(4) 悪癖是正：悪癖の是正を行う。

　成果をあげることの妨げになっている仕事の仕方や学び方，癖などは即座に是正します。仕事の仕方では，住民ニーズを忘れること，実行者を巻き込まないこと，政策に終了すべき条件と時期を明記しないことがあります。学び方では，内部学習の不足と流行手法の学習に偏重していることがあります。

(5) 対人配慮：人への対し方（礼儀）を正す。

　横柄な姿勢，軽蔑的な発言，感謝を伝えない態度など，人への対し方が悪くて成果をあげられないことをなくします。組織は感情をもった人たちの協働体です。人への対し方が組織の潤滑油の役割を果たします。

(6) 不得回避：成果のあがらないことは回避する。

　人が万能であることは少なく，苦手や不得意なことがあります。その分野の仕事は引き受けないようにします。

(7) 徒労停止：努力しても並みにしかなれないことは排除する。

　ドラッカーは，無能を並の水準にするには，一流を超一流にするよりもはるかに多くのエネルギーが必要とします。無能を並みにすることは諦めます。強みを発揮できることに集中します。

フィードバック分析と強みの把握

1	組織が成果をあげるためには際だった強みが必要でこれが知識の卓越性である。
2	強みを把握するためにフィードバック分析を実施する。
3	フィードバック分析結果を活用する。

強みを活用する7つ方向

分類	方向	内容
強み	1. 強み集中	強みを成果を産み出すものに集中する。
	2. 強み強化	強みをさらに伸ばす。（技能や知識を身につける）
習慣改善	3. 傲慢改善	専門以外の知識を軽視しない。
	4. 悪癖是正	成果をあげるのに障害となっていることを改める。
	5. 対人配慮	人間関係は潤滑油である。
排除	6. 不得回避	不得手な分野の仕事は引き受けない。
	7. 徒労停止	並みにしかなれない分野には時間を使わない。

◆仕事の仕方と学び方の確認

　仕事のできる人は，自分の得意な仕事のやり方と学び方で成果をあげています。自分の得意な仕事の方法と学び方を知り，それに基づいて行動することで，成果に貢献することができます。強みと同様に重要なことです。ドラッカーは，下記の確認事項を例示しています。不得意なやり方で仕事をしないようにします。

　①情報の収集では自分は読む人か聞く人か。伝達では書く人か話す人か。
　②人と組むほうがよいのか，一人のほうがよいのか。
　③大きな組織と小さな組織ではどちらのほうが仕事ができるか。
　④自分は意思決定者と補佐役のどちらで成果をあげられるか。
　⑤書いて学習するか，教えて学習するか。

◆価値観について

　働く人には多様な価値観があります。組織には組織理念や行動規範といった価値観があります。ドラッカーは両者が「同じである必要はない。だが，共存しえなければならない」[*2]とします。自己をマネジメントするには，自らの価値観と組織の価値観の共感と共存が大切です。

　強みで成果をあげても，その成果に満足できないといった強みと価値観があわない場合があります。不満がたまりよい仕事ができなくなります。価値観を優先します。

◆所をうる

　人は自分のもっている能力でしか，仕事をすることができません。自己マネジメントが可能な職員は，自己の能力から最大のものを引き出すことで，最高の成果をあげることができます。それは，自己啓発と配属についての責任は，自分でもつことを意味します。

　自らの強み，仕事の仕方，価値観に関して自分の答えがあることで，機会，職場，仕事について，「自分がやれる」と判断ができるようになります。強み，

仕事の仕方，価値観は，実践でより明確になることから，最高のキャリアを発見する可能性が高まります。自分の価値観に適合し，自分の強みを最高に活かせる機会，職場，仕事が自らを卓越したものに引き上げます

　ドラッカーは，「自らのうるべき所を知ることによって，普通の人，単に有能なだけの働き者が，卓越した仕事を行うようになる」[*3]とします。それは個人と組織，そして社会にとっても歓迎すべきことです。

■■■実践に向けての職員の視点■■■

部　長：【強みの活用は私の重要課題】知識労働者である職員の強みを活かす体制を整備することが，職員の生きがいと自己実現を可能にする。それは成果をあげる組織づくりに結びつき，社会への貢献にもつながる。強みの活用は，行政組織と私の最重要課題の1つである。

課　長：【強みの奨励】職員を最高に活かす方法は，強みに集中することである。職員は自らの強みを把握し，仕事に活かすことが重要になる。しかし，強みを知っている職員も少なく，強みを奨励する姿勢と仕組みもない。強みを重視する組織文化の醸成と人材開発体制を整備する。

係　長：【次世代自治体では】私たちが成果をあげるには，価値観を共有できる組織で働き，強みを自分の得意な仕事のやり方で発揮させることが重要になる。これには，次世代自治体でよく見られる組織の価値観の確立，個々の特徴を尊重する行動規範の設定などが必要である。

主　任：【強みで貢献したい】際立った知識の強み，他にはない独自性の強化などは，横並び志向の行政には不足しがちな発想と行動である。しかし，次世代を担う公務員として，福祉に関する研鑽，新しい価値観の確立，得意な自分の行動を把握し，卓越性を求めることに挑戦したい。自らの強みで住民と協働して地域に貢献し，地域の人々に幸せになってもらいたい。そこに私たちの使命がある。

5 時間マネジメントによる仕事時間の確保と活用

時間

●学習のポイント●

強みがあっても時間がなければ，意義あることが最小になります。時間の有効活用が成果達成に影響します。時間を確保し重要な仕事にそれを割り当て，より多くの意義ある仕事をなしとげる方法を検討します。

1. 時間の重要性と非生産的な活動の発見方法

◆時間の重要性

1日が24時間であることは誰にも同じです。時間の供給量は，仕事の繁閑に関係なく一定であり，仕事の制約条件になります。成果を求める人には，時間は貴重な資源です（右図参照）。

反面，社会や仕事が多様化，複雑化，高度化するにつれ，理解のための情報の収集，複数関係者とのコミュニケーション，人事の決定などに多くの時間が費やされます。また，これからの時代に必要な創造と変革には，膨大な時間が必要になります。このような時間への様々な要請から，成果に責任をもつ人の時間の管理が重要になります。

ドラッカーは，人が成果をあげるには，まとまった時間が必要とします。細切れの時間ではよい成果は期待できません。重要な仕事にまとまった時間を割り当て，それに集中できる体制を構築します。

そこに強みを活かせる人材を登用することで，人と組織は大きな成果をあげることができます。時間がなければ何もできません。適切な時間の管理は，重要な業務になります。

時間マネジメント基本的な行動

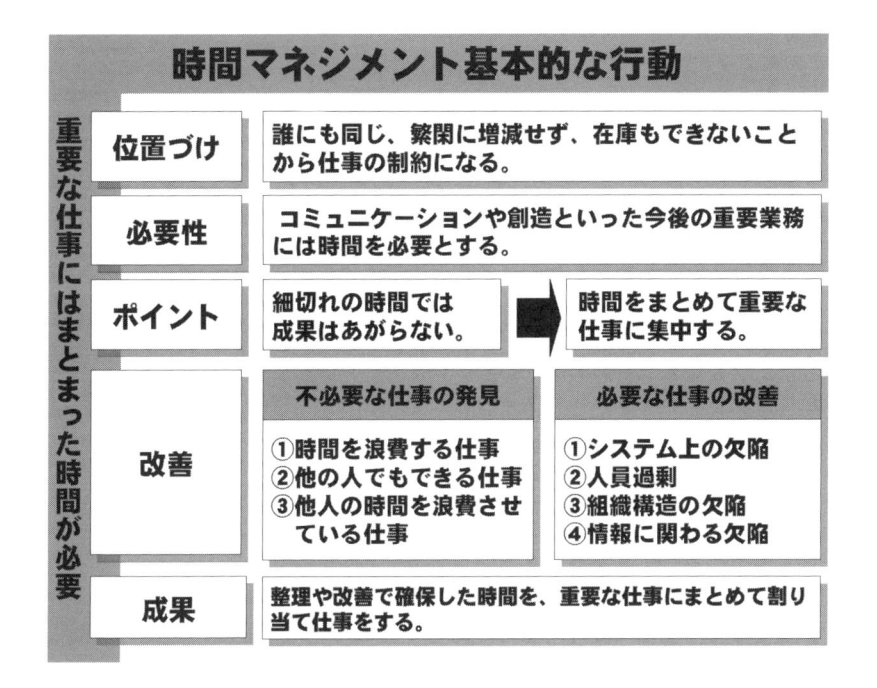

重要な仕事にはまとまった時間が必要	位置づけ	誰にも同じ、繁閑に増減せず、在庫もできないことから仕事の制約になる。
	必要性	コミュニケーションや創造といった今後の重要業務には時間を必要とする。
	ポイント	細切れの時間では成果はあがらない。 → 時間をまとめて重要な仕事に集中する。
	改善	**不必要な仕事の発見** ①時間を浪費する仕事 ②他の人でもできる仕事 ③他人の時間を浪費させている仕事 / **必要な仕事の改善** ①システム上の欠陥 ②人員過剰 ③組織構造の欠陥 ④情報に関わる欠陥
	成果	整理や改善で確保した時間を、重要な仕事にまとめて割り当て仕事をする。

◆体系的な管理方法

　時間管理の基本は、「記録→整理→まとめる」のプロセスにあります。最初の記録は、年2回ほど3，4週間といった期間を定めて、実際の時間の使い方をその場で記録します。次の整理では、以下の3つの方法[*1]で時間を浪費する非生産的な活動を見つけ排除します。

① 【排除】行う必要のない仕事，何の成果も産まない仕事を見つけ、それを止めた場合を考える。影響なしであれば「排除」する。
② 【移譲】他の人でもやれることは何かを考える。他の人にやってもらうことで、自らが行うべき重要なことに取り組めるようになる。成果をあげる前提である。
③ 【排除】他人の時間を浪費している仕事を見つけて排除する。方法は、「私は時間を浪費させることをしているか」と定期的に聞くこと。

2. 必要な仕事に生じる時間浪費の原因整理

　上記の3つの時間浪費以外に，必要な仕事に対して，マネジメントと組織構造の間違いから起因する時間の浪費があります。ドラッカーが指摘する代表的な時間浪費原因を4つ紹介します[*2]。これらの原因を明らかにして対処します。

　時間の記録→非生産的な仕事の排除→必要な仕事における浪費時間の分析による仕事の整理で，重要な仕事に割ける時間を把握できるようになります。

（1）システムの欠陥や先見性の欠如から来る時間の浪費

　周期的な混乱，繰り返される混乱からの浪費です。仕事の内容や時期によって繁閑の差が大きい部署があります。たとえば，特定日や月に繰り返し発生する窓口の混乱は予知できます。平準化する予防策や繁閑対策を日常の仕事に組み込みます。

（2）人員過剰からくる時間の浪費

　多すぎる人が仕事に関与すると，お互いのコミュニケーションやその調整に多くの時間が費やされます。多階層組織で承認者が多くなる稟議制度がこの例です。適正な階層にして手続きを改訂し，適切な体制と人員にします。時間の浪費が防止され，業務スピードもあがります。

（3）組織構造の欠陥からくる時間の浪費

　過剰な会議がその例です。これは仕事の組み立て方や組織の単位に欠陥があることを示します。ドラッカーは，責任者が1日のうち25％以上を会議に費やしている場合は，組織に欠陥があるとします。内部の事情ではなく，提供するサービスにあわせた組織の編成を考えます。

（4）情報に関わる機能障害からくる時間の消費

　人や組織に必要情報が共有化されないことやニーズにあわない情報の利用から発生する時間の浪費です。目的に応じた提供情報の選定と共有化を推進します。

3. 自由になる時間をまとめて活用する

◆活用の具体的方法

　成果をあげるには，自由に使えるまとまった時間が必要です。時間管理の最終段階は，仕事の整理によってもたらされた自由な時間を大きくまとめることです。ドラッカーは，時間をまとめる方法をいくつか例示[*3]しています。

①週に1日は家で仕事をする。
②会議や打合せなど日常の仕事を，たとえば月曜日と金曜日に集め，他の日，特に午前中は重要な問題についての集中的かつ継続的な検討にあてる。
③毎朝自宅で仕事をする。

◆優先順位の高い仕事に活用する

　確保した時間は，なすべき仕事，組織の成果に貢献できる仕事，優先順位の高い仕事に使用します。自分の強みの分野であることも大切です。自分の強みが発揮されることで，目標とした成果を達成する可能性が高まります。

■■■実践に向けての職員の視点■■■

係　　長：【次世代自治体では】まだ残業が多く，時間管理の改善はあまり進展していない。千葉県のT市では，業務改善で業務効率の向上と時間外手当を削減している。具体的な取組みであることから早速実践していきたい。

職　　員：【民間出身の首長は】必要がなくなった仕事，成果に結びついていない仕事は止める。他に任せられる仕事は任せる。すべて当たり前のこと。ある民間企業出身の首長は「止める→任せる→半分にする→改良するは業務改善の基本」として実践している。

6 重要な仕事に集中し強みの発揮で最大成果の実現　集中

学習のポイント

　成果の少ない組織ほど，多くの人が忙しそうに働き，本人は仕事をした気になっていることがあります。成果をあげるためには，本当に重要な仕事に個人や組織の強み，そして時間を集中させることが必要です。

1. 成果をあげるための唯一の秘訣は集中

◆集中の定義と3原則（右図参照）

　ドラッカーは，目標達成の行動でより大きな成果を実現する秘訣を「集中」とします。これには2つの理由[*1]があります。1つは，貢献を行うための時間よりも，行うべき貢献が多いことです。集中して短期間で成果をあげることで，より多くの行うべき貢献ができるようにします。もう1つは，自ら強みを活かし成果をあげるには，その強みを重大な機会に，大きな時間のかたまりとともに集中する必要があるからです。

　集中とは「真に意味あることは何か」「最も重要なことは何か」といった観点から，時間と仕事について自ら意思決定をしていく勇気のことです[*2]。ドラッカーは，困難な仕事を多くなしとげる人は，「一時に1つの仕事をする。その結果ほかの人よりも少ない時間しか必要としない。その結果，やれる仕事と種類は多くなる」[*3]とします。それは，①一時一件の原則：一時に1つのことだけをする。②最初最重要の原則：最も重要なことからはじめる。③時間集中の原則：そこに大きな時間のかたまりをあてることです。この実現には，仕事の廃棄と優先順位，劣後順位の決定が必要になります。

集中の原則で最大の成果

必要性	貢献を行う時間よりも行うべき貢献が多い。	
定義	「真に意味あることは何か」「最も重要なことは何か」といった観点から、自分の時間と仕事について意思決定をしていくこと。	
原則	①一時一件の原則　②最初最重要の原則　③時間集中の原則	
手順	1	体系的廃棄の実行：生産的でなくなった過去のものを捨て、新政策の資源を確保する。
	2	劣後順位の決定：実行してもそれほど成果のあがらない仕事の順位を決め廃止する。
	3	優先順位の決定：やるべきことの重要度や緊急度から、仕事の着手順番に順位をつける。
効果	早く仕事ができるようになり、重要な仕事を多くなしとげ、より大きな成果をあげる。	

◆行政組織は廃棄が不得意

　ドラッカーは，行政組織の不得意なことの1つとして「廃棄」をあげます。「もともとが保護のための組織であるために，イノベーションには向かない。何もやめることができない。政府が始めるや何ごとも難攻不落の恒久のものとなる。行政の改革では，これを変えることはできない」[*4]とし，次のことを指摘[*5]します。

　①行政組織は，昨日への執着の多大な圧力のもとにある。失敗への反応は，つねに予算と人員の倍増になる。

　②最高のプログラムさえ，やがては役に立たなくなる。そしてそのときの公的組織の反応はつねに予算増である。

　ここで必要なのが，有効との証明がされない限り政策を廃棄する考え方です。政策をすべて一時的なものにし，自動的に消滅させる方法の採用です。

2. 集中手順の3段階

◆集中の第1段階：体系的廃棄を行う。

集中するための第1段階は，「生産的でなくなった過去のものを捨てること」[*6]です。特に人という希少な資源は，過去の活動から引き上げ，未来の機会を担わせます。次世代自治体では，新しい活動を始める前に，徹底して旧い活動の廃棄を検討します。新しい仕事には失敗が伴います。仕事のできる人を用意しておきます。その人の仕事の負担を軽減しておきます。

これは個人でも同様です。現在，実行していることをまだ行っていないと仮定します。「これからやるか」を自問して，答えが「No」ならばそれは廃止します。個人の体系的廃棄を行うことで，必要な仕事に専念することができます。ドラッカーは「計画や活動を定期的に審査し，有用性が証明されないものを廃棄するようにするならば，最も頑強な官僚組織においてさえ創造性は驚くほど刺激される」[*7]とします。

◆集中の第2段階：劣後順位を決める。

体系的廃棄を実行した後は，第2段階である劣後順位の決定を行います。劣後順位とは，実行しても成果が期待できない仕事，現時点では取り組むべきでない仕事の順位を決め，定期的に廃止することです。集中するには「No」と言うことも必要です。

行政組織にありがちな，すべてのことに少しずつ手をつけることは，成果に結びつきません。劣後順位の決定は誰も決断したくないものです。しかし決定し実行に移すことで，確実に組織の成果を高めることができます。

◆集中の第3段階：優先順位を決める。

並行して，成果のあがる仕事を並べて，その優先順位を検討します。優先順位の決定とは，やるべきことの重要度や緊急度を考慮して，仕事の着手する順番や投下する時間に順位をつけることです。そして優先順位の高い仕事に，ひ

とまとめにした時間を割り当てます。優先順位決定時の原則は[*8]，以下のようになります。
　①過去ではなく未来につながるものを選択する。
　②問題ではなく機会に焦点をあわせる。
　③流行や横並びではなく独自の方向を選択する。
　④無難で容易なものではなく変革をもたらすものに焦点をあてる。
　このように不要な仕事を廃棄し，残った仕事の重要度を検討することで，優先する仕事と実行すべきでない仕事の区分ができます。そこで優先すべき重要な仕事に時間を割り当て，そこに強みを充当し，集中して仕事を行うことで，重要な仕事を多くなし遂げることができます。個人と組織に大きな成果をもたらします。

■■■実践に向けての職員の視点■■■

係　長：【「No」と言う勇気】強みを成果に結びつけるには，重要な機会（どこに）に強み（なにを）をまとまった時間（どのくらい）集中させることである。これまでの総花的な取組みでは，いつまでたっても成果は手にできない。「No」と言う勇気が必要である。

職　員：【現場が廃棄を担う】新政策の策定は既政策の廃棄が前提であることを，政策の特性と住民の反応・評価を一番よく知っている現場職員の我々が認識し，日常の政策形成の場で実践しなければならない。知り得て害をなすことはしない。

主　査：【自己レビューの実施】とにかく行政は雑事が多い。行動の前に時間をとって劣後と優先順位の政策を決定する。優先順位の高い政策に集中して取り組むことで，地域のためになる政策をより多くなしとげられる可能性が拡大する。個人の事業レビューは当然かつ定期的なものにする。

7 職員が成果をあげる行動のための意思決定

決定

学習のポイント

意思決定はトップの専有物ではありません。組織内のあらゆる段階で，各職員が自らの専門分野で行う決定が，組織の成果を積み上げます。知識労働者である現場職員の意思決定の能力は，組織成果に決定的な影響をもたらします。

1. 意思決定の意義

◆意思決定の意義

意思決定とは成果をあげるためのものです。成果の前には行動があり，行動の前に決定があります。意思決定の内容が行動を通じて成果を左右します。今日と明日はつながっています。明日を築くためには，今日の行動を決定しなければなりません。将来は今日の行動から創られます。決定の先送りは明日のムダを意味します。

目的や使命，将来の方向が明らかであれば，実施体制が整っていれば，決定し行動することが，機会を成果に結びつけます。ここに体系的な意思決定の意義があります。

◆意思決定の重要性

行政組織内の現場では，職員によって多くの意思決定が行われています。その中には，意思決定の成否が，組織の将来に大きな影響を与えるものもあります。感情的，場当たり的にならないように，決定を正しく行う必要があります。

それには，職員すべてが，意思決定の基本的なプロセスを理解して，体系的

5 意思決定プロセスで行動と成果を

重要ポイント
① 意思決定の数を多くせず集中すること。
② 決定の早さを重視しないこと。
③ 実行する人を参画させること。

職員すべてが行う

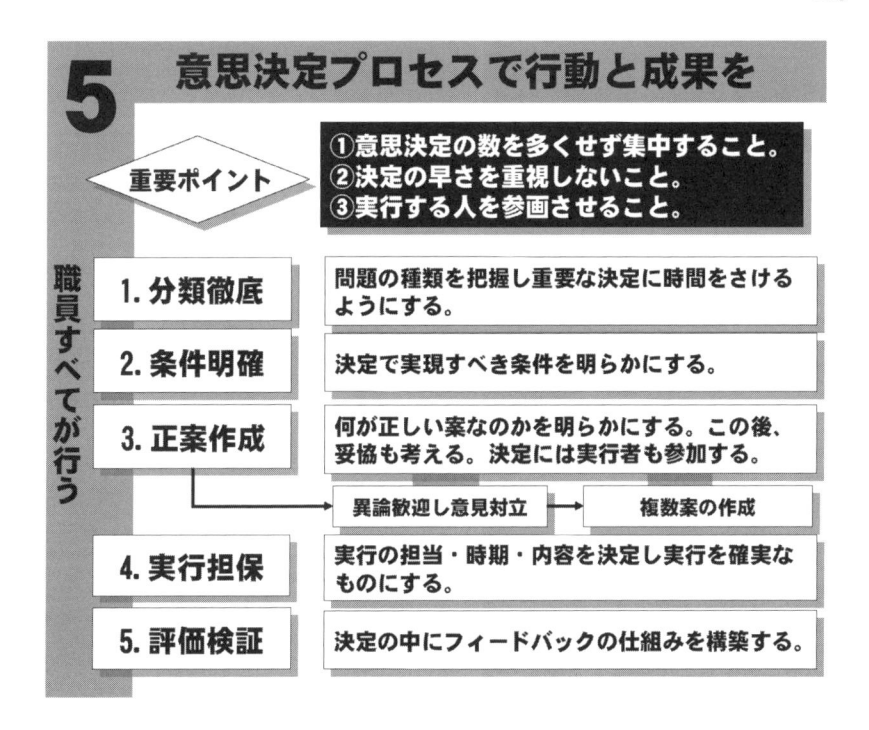

1. 分類徹底	問題の種類を把握し重要な決定に時間をさけるようにする。
2. 条件明確	決定で実現すべき条件を明らかにする。
3. 正案作成	何が正しい案なのかを明らかにする。この後、妥協も考える。決定には実行者も参加する。
	異論歓迎し意見対立 → 複数案の作成
4. 実行担保	実行の担当・時期・内容を決定し実行を確実なものにする。
5. 評価検証	決定の中にフィードバックの仕組みを構築する。

に決定を行うことです。ドラッカーは3つのポイント[*1]を明示します。

①集中：意思決定の数を多くせず重要な決定に時間を集中する。

②正案：決定を速めて思考不足にならないようにする。異論を歓迎する。

③実行：実行する人を参画させて実行を担保する。

2. 意思決定のプロセス

意思決定者である職員には，各担当分野で組織の成果に貢献する意思決定が期待されています。それには，体系的な意思決定プロセスが必要です。5つのプロセス[*2]で取り組みます（上図参照）。

（1）分類徹底：問題を分類する。

最初に行うのは問題の分類です。問題の種類に応じて対応は異なります。大

別すれば一般的な問題と例外的な問題です。意思決定の成果をあげるには，問題の種類を見極め，基本的な問題であれば基本方針による原則と手順による迅速な解決を適用し，例外的な問題は個別の方法で対応します。問題を前にしたら，最初に分類を考え重要な問題に集中できるようにします。意思決定の数を多くしないようにします。

(2) 条件明確：必要条件を明確にする。

すぐに解決案を考えるのではなく，「この問題を解決するために最低限必要なことは何か」を考えます。そして，決定の目的，達成すべき目標，満足させるべき必要条件を明確にします。問題の真因を突きとめることで，目的と目標に則したより成果のあがる決定になります。

(3) 正案作成：何が正しいかを知る。

前に進めるには妥協も必要になります。しかし正しさの基準がないと，正しい妥協を判断することができなくなります。必要条件を満足させるには，何が正しいかを明らかにしておきます。

①異論を歓迎し意見の対立を促す：多様，複雑になった現代では，意思決定において対立する意見が積極的に表明できる環境をつくる。異論が多様な検討を可能にし，下記の利点[*3]から最高の結論になる。意見の対立がないときには決定を行わない。

　　ⅰ 特定の意見にとらわれることを防ぐ。
　　ⅱ 選択肢が増える。
　　ⅲ 想像力が刺激される。

②複数案を作成する：複数の解決案を考えることは，その有効性を検討する唯一の方法である。複数の解決案から最善の解決策を選定する方法には，4つの基準[*4]がある。ⅰ リスク，ⅱ 経済性，ⅲ タイミング，ⅳ 人的な制約である。

　　最後のⅳ人的な制約として考慮に入れるべき最も重要な資源が，意思決定の結果を実行する人たちである。この人たちの視点・能力・技能・理解が，実行内容を規定する。よって不足がある場合は是正措置を考える。

(4) 実行担保：行動に変える。

決定を実行に移すには，行動する人たちを決定に参画させて，決定内容は行動する人たちの能力にあったものにします。決定は具体的な手順で，特定の人の仕事と責任になることで行動に変わります。

(5) 評価検証：フィードバックを行う。

成果の把握と意思決定の質をあげるために，フィードバックの仕組みを決定の中に織り込みます。よく検討した決定でも人は間違う場合があります。成果をあげた決定も陳腐化します。予期せぬ成功，予期せぬ失敗といったイノベーション機会の検討も必要です。成果を評価し調整します。フィードバックを重視しない組織は，損失の最小化と発展の機会を失うことになります。

■■■実践に向けての職員の視点■■■

主　査：【先送り姿勢を改める】まだ，会して議せず，議して決せず，決して行わずといった先送り傾向がある。これでは業務すべてが納期間際の決定になり粗くなる。適切な意思決定は知識労働者の通常の仕事であり，その的確な実行が成果を左右することを自覚する。

課　長：【次世代自治体では】三重県のＭ市を見て驚いた。組織内での意見対立を苦にしない。市長室に若手職員が出入りしている。論客が多く自由闊達である。内からの批判に耐えられないものを可としない。これにより内部に都合のよい決定と独善を防ぎ，組織と職員が鍛えられている。

主　任：【責任をもつ】別の次世代自治体では，早い時期から職員に小さくとも独立した責任と権限をもたせ，決定による成果を求めることでマネジメント力を高めている。これからはリーダー的な役割に積極的に挑戦する。

8 周囲の強みを活用した総力発揮で最大の成果

総力

◯学習のポイント◯

個人の成果は周囲の関係者の能力発揮に依存します。関係者の能力をより多く引き出すことが求められますが，その答えは実に簡単で，関係者の「強み」を最大限に活かすことです。

1. 原則1：上司・同僚・部下の強みを活かす

◆協働についての責任

知識労働者である職員は，他の職員と「協働」して働くことで成果をあげることができます。より大きな成果をあげるには，上司，同僚，部下といった共に働く職員の強みと，自分のもつ強みをお互いに活用することです。

人と組織が成果をあげるには，お互いの弱みを最小限にすることではなく，強みを最大限に発揮させることです。お互いが強みをもつ分野を探し，その強みを互いが仕事に活用し相乗的な効果を産み出します。これにより組織全体の能力を，より多く引き出すことができます。

強みによる成果を確実なものにするには，この協働について各自が責任を負わなければなりません。ドラッカーは，お互いの責任とした協働，つまり人との関係について，2つの原則[*1]を明示しています（右図参照）。

◆上司・同僚・部下の強み，仕事の仕方，価値観を活かす

最初の原則1は，人は共に働く人たち，自らの仕事に不可欠な人たちを理解し，その強み，仕事の仕方，価値観を受け入れ活用することです。各自の強みを活かすことで組織力が発揮されます。

全員の強みの活用で最大の成果

原則1：上司・同僚・部下の強みを受け入れ活用する
原則2：コミュニケーションに責任をもち信頼で協働する
弱みは無視

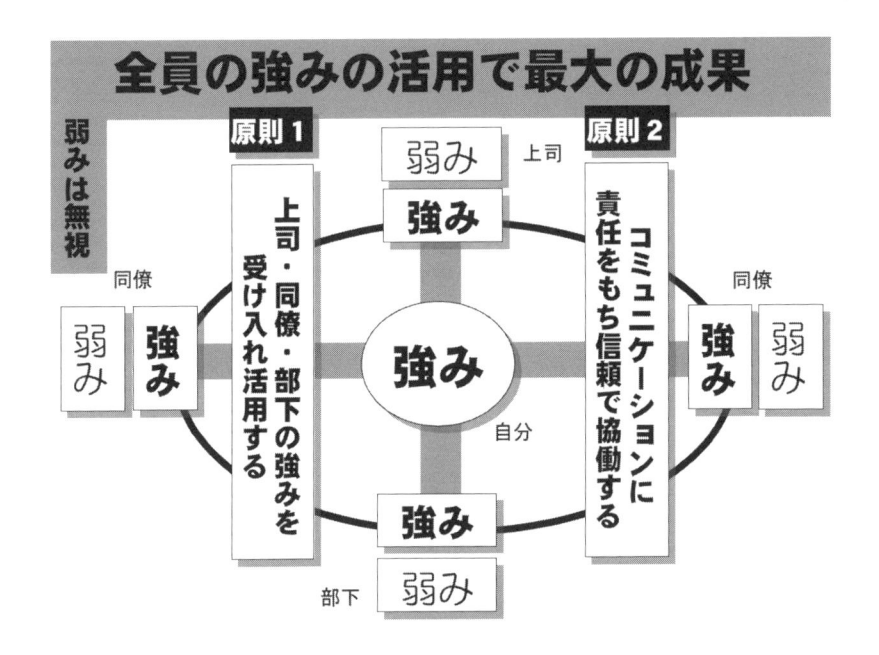

（中央：強み／自分、上司、同僚、部下それぞれの強み・弱み）

（1）総力の発揮Ⅰ：上司の強みを活用する。

　成果をあげるには，上司の強みの活用が重要です。上司が成功すれば，部下の成功にもよい影響を与え，組織の成果が大きくなります。ドラッカーは，「上司を観察し，仕事の仕方を理解し，上司が成果をあげられるようにすることは，部下たる者の責務」[*2]とします。

　部下が自分の成果をあげるには，上司の強みを活かして成果をあげる自分ができることを考えます。以下のような自分が貢献できることを実行します。

　①上司の仕事の仕方を理解し，上司がよい仕事ができるようにする。
　②上司の「強み」を活かし，弱みを補完することで成果があがるようにする。
　③上司を立ち往生させたり，見下したりすることは厳禁である。

（2）総力の発揮Ⅱ：同僚の強みを活かす。

　上司に対して実施したことを，協働して働く職員全員についても行います。ここでも重要なのは，共に働く職員の強み，仕事の仕方，価値観への対応で

す。それを与件として受け入れ活用します。できないこと，欠陥，弱みなどがわかっても，成果に結びつくものはありません。

　同僚は，自らの専門知識を成果に結びつける結合相手です。互いに相手を理解し，強み，仕事の仕方，価値観を活用するやり方を考えます。人に成果をあげさせるには，「いかなる貢献ができるか」「何を非常によくできるか」を考えます。1つの重要な分野における卓越性を求めます。弱みは無視します。

（3）総力の発揮Ⅲ：部下の強みを活かす。

　上司は部下の仕事に責任をもちます。部下が強みをもつ分野を探し，それを仕事に適用させ成果を要求します。部下の強みを活かすことは上司の役割です。

　行政組織の役割は，職員一人ひとりの強みを政策のために活用することです。弱みの最小化ではなく強みの最大化です。ドラッカーは，「エグゼクティブの任務は人を変えることではない。人のもつあらゆる強み，活力，意欲を動員することによって全体の能力を増加させることである」[*3]とします。成果は強みと機会の組み合わせからしか手にできないことを忘れないようにします。

2. 原則2：コミュニケーションに責任をもつ

◆コミュニケーションに責任をもち信頼で協働する

　もう1つの原則は　コミュニケーションについての責任をもつことです。専門知識の結合を必要とする組織は，権力や肩書きでは成立せず，お互いの信頼によって成立します。人は信頼なしでは力を重ねあわせることができません。信頼には互いの理解が欠かせません。理解を深めるには，お互いのコミュニケーションが大切になります。

◆コミュニケーションと協働関係に責任をもつ

　職員すべてが，部下，同僚，チームのメンバーに，自らの強み，仕事の仕

方，価値観，目標を知ってもらう必要があります。共に働く人のところに出向き，自らを知らせ，相手のことも聴き出します。他との協働による結合で成果を発揮する職員には，とても重要な行動です。

職員すべてが，積極的なコミュニケーションで互いに理解し，互いの成果を実現するための相互の協働関係について責任をもたなければなりません。それは総力をあげて社会に貢献するための責任です。

■■■実践に向けての職員の視点■■■

職　員：【上司の成功は私の成功】上司は不平不満を言う相手ではない。上司を支援することは当然である。上司が成功することは組織全体の成果になる。自分の活躍する場も広がり，より大きな貢献が可能になる。

課　長：【私は役に立っているか】ドラッカーは一人で成果を産み出す人はわずかとする。お互いの強み，仕事の仕方，価値観を受け入れ，それを活用するといった取組みが大きな成果をもたらす。私も自分が役立っているかを，職員に聞かなければならない。こうした自由闊達な組織風土を醸成したい。組織が健全になり社会に貢献できる。

主　査：【次世代自治体では】関係とコミュニケーションについては互いに責任をもつ。それは，得意不得意の問題ではなく，結合を特性に持つ知識労働者である職員の義務である。次世代自治体のある県庁では，庁内の壁（縦割り組織）を取り払い，組織の天井（多階層）を少なくしてこれを実践している。

部　長：【最大の資源は人】「組織の最大の資産は人である」は名言である。言葉で終わらせてはならない。職員と組織は，全力で自らの強みを発掘し活かし，社会に貢献する責任がある。現状以上の能力を発揮して，組織に貢献できるのは，人だけである。その威力は経営資源で最大である。

ドラッカーの想い
マネジメントは「人の幸せ」を実現すること

　以上，マネジメントの基本的なことについて明らかにしてきました。あなたが担当している仕事と組織の成果はあがっているのでしょうか。社会に貢献しているのでしょうか。最後にドラッカーが，マネジメントにこめた想いを確認し，公務員としてのマネジメント修得の意義と覚悟を確認します。

1. マネジメントは経営の体系であり人を幸せにする体系でもある

◆ドラッカーの問題意識

　ドラッカーの関心は常に人にあります。「人が幸せであるには社会の安定と発展が必要である。その担い手は組織であるが，組織は立派に機能するのか」といった問題意識からマネジメントの発明に至ります。

　ドラッカーは，29歳になった1939年に処女作「経済人の終わり」を出版します。その内容は，「社会主義，資本主義，全体主義といったイズム（主義主張）は，社会の問題を解決できない。人を幸せにすることができない。別の答えが必要である」といったものでした。

　その答えは1942年の2作目「産業人の未来」で展開します。産業の発達につれて，多くの人が組織で働くようになります。組織が社会に必要な財とサービスの多くを提供し，社会で大きな役割を果たすようになります。

　ドラッカーは，この時代変化から，組織を適切に機能させることが組織の集まりである社会を良くし，そこで働いている人の仕事や生活にもよい影響を与えると考えました。そこで，人や社会にとって重要な組織のあり方や動かし方の調査・研究に邁進します。

　ドラッカーは，米国の自動車会社GMの調査をもとに1946年に出版した「企業とは何か」で，組織とは社会や人間のために働く社会的存在であること

を明らかにします。その後，様々なコンサルティングの経験を踏まえて，1954年に，世界初のマネジメント書である「現代の経営（上・下）」を出版します。この本で，企業とそのマネジメントが社会に大きく影響することを著し，ドラッカーは「マネジメントの父」になります。

そして1973年にドラッカーマネジメントの集大成である名著「マネジメント」を出版します。マネジメントは，社会の発展と働く人の幸せに貢献する組織の機関として，企業だけではなく組織すべてに必要なものになりました。

このようにドラッカーは，「人を幸せにする社会とは何か」といった問題意識から，組織に成果をもたらす「マネジメント」という方法論を発明しました。これまで学習してきたドラッカーのマネジメントは，経営の体系でもあり，人の幸せに貢献する体系でもあるといわれるゆえんです。

2. マネジメントの正統性

◆強みの活用

ドラッカーは，人の幸せに貢献するマネジメントを，組織に適用すると同時にそこで働く個人への適用も可能とします。この両方の適用で特に重視しているのが「強みの活用」です。

万能な人や完璧な組織は希です。職員と行政組織には強みと弱みがあります。そこで重要なのは，マネジメントの適用で，職員は自分の強みを探し出しそれを伸ばすことです。行政組織はその各職員の強みに着目し，その部分を積極的に活用することで，組織全体の強みとして高めることです。

職員と行政組織が，お互いに強みを活かすことで，職員には最高の役割と自己実現が，組織には社会で成果を出せる力が備わります。それは地域で生活する住民と，組織で働く職員の幸せに貢献することになります。

◆マネジメントの正統性

この強みの活用は，マネジメントの存在意義を左右する正統性にも関係しま

す。ドラッカーは、マネジメントが、時には人の行動を制限することもあるリーダー的な役割を果たすには、社会が正しいと認める「正統性」が必要とします。その源泉は「人の強みを生産的なものにする」[*1]ことにあるとします。

人は、なすべき仕事に、自らの強みを集中して成果をあげることで、仕事についての「やりがい」と「喜び」を感じることができます。それは本人の意欲を高め、組織と社会での自らの役割を力強く果たすことになります。自己の存在意義を確実なものにします。ここに正統性の源があります。

これには、組織の目的・使命を明らかにし、組織と仕事を生産的なものにし、人の強みを最大限に発揮できるようにします。それはまさに、これまで学習してきたマネジメントの実行です。マネジメントは、仕事で人の強みを活かして「組織で働く人を幸せ」にし、組織成果の達成を通じて「社会で生活する人を幸せ」にする機関、機能、手段なのです。

◆マネジメントは人の幸せに貢献する

マネジメントは、民間の手法でも金儲けの手段でもありませんでした。人は社会と組織で幸せになれるか、組織は社会をよくすることができるか、その組織を機能させるには何が必要なのかを追求した結果、たどり着いたものでした。

人を幸せにする社会の実現は、働く人すべての目的です。特に首長も含めた公務員と行政組織にとっては特有の使命です。そのためには、公務員と行政組織がなすべき成果をあげなければなりません。ドラッカーは成果をあげることは、「個人の自己開発のために、組織の発展のために、そして現代社会の維持発展のために死活的に重要な意味をもつ」[*2]とします。

マネジメントは、まさに公僕としての公務員と行政組織のためのものです。知識社会で中心的な役割を果たす次世代を担う首長と公務員にとって、「使命と成果のマネジメント」の修得は責務です。

終章 マネジメント事例編

M市マネジメント導入の成果と成功要因

M市のマネジメント改革（6）使命の旅

住民の失望から，街に活気と市役所への信頼増加へ

◆次世代職員と行政組織

　M市は，「実践的な次世代自治体」の1つとして注目されるようになりました。福祉サービスは，市民のニーズを反映した横断的な内容になりました。成長戦略も地域の強みを活かした「選択と集中」を志向した戦略計画として評価されています。市民の協働も盛んになり，街全体に活気が感じられます。財政状況も改善しました。このM市躍進の背景には何があったのでしょうか。

　6年前に当選した市長は，就任時の組織改革にあたって，流行の手法導入による目先の成果ではなく，組織全体の改革での成果を志向しました。市民や委員会からの，「マネジメントを知らない組織の改革は成果が伴わない」といった指摘を参考にし，組織改革では，全職員へのマネジメント学習を徹底しました。M市の行政改革が成功した要因はここにあります。

◆市民の信頼と協働

　職員はマネジメントの学習を通じて，①知識社会における知識労働者としての自らの役割の重要性，②知識労働者を結合する場としての組織の目的，③組織の目的を実現するマネジメント，この3つの関連を理解し，組織と自らの能力発揮を通じて庁舎の外での成果の実現をめざしました。

　マネジメントを理解した職員が，自らの業務と組織にマネジメントの知識を適用することで，保有する専門知識が政策形成や職場で大きな力を発揮します。その成果は，政策に対する市民からの評価と市政への信頼性の向上，そして協働の申し入れの増加と地域活力の高まりとして現れました。

終章　マネジメント事例編　M市マネジメント導入の成果と成功要因

市長：市役所への信頼と市政への満足向上は全職員の成果です。

（行政改革推進委員会での委員の評価①）

　7月中旬に，前期2年間の行政経営改革の進捗と評価を検討する行政改革推進委員会が開催されました。市民傍聴席はほぼ満員です。事務局からの進捗状況の報告の後，委員による質疑と評価が行われました。

◆【マーケティング】：「市民の声」が最優先です。

会　長：市では行政改革の実施内容を，市民意識調査で調べていますが，調査結果はどのように活用しているのですか。

市　長：私たち基礎自治体は，市民の方々に納めていただいた税によって活動している組織です。情報公開，傾聴姿勢，説明責任，市民評価は極めて重要です。最後の市民評価については，実際の活動や成果，内部評価との突き合わせ，市の使命と照らし合わせながら点検し，新しい公共空間の創造に向けて，政策や業務活動の評価・改善に活用しています。

学識委員：市民意識調査で，他の行政ではあまり見かけない「市役所への信頼度」と「市政に対する満足度」に関する質問項目があります。この質問のねらいはどこにあるのですか。

市　長：この2つは，聴いてみたいが反面怖い質問項目です。しかし私どもは政策と組織体に関する評価は，両立させるべきと考えています。信頼が不足する組織では，市民の本音も協働も得られず，政策と新しい公共作りに悪影響を及ぼします。最新の調査では，「信頼できる」と答えて下さる市民の方が増えています。これは，全職員が使命に基づいて，市民起点の仕事を実践してきた成果です。

市民委員：それは市民にとっても嬉しいことです。各政策への市民評価も上昇傾向ですが，この背景には何があるのか説明をお願いします。

部　長：1つは，「市民のことを一番よく知っているのは市民である」といったマーケティングの考え方の浸透です。現場では，市民と積極的に対話を重ねる職員が増えています。ここから，市民の多様な意見や本音が聴けるようになりました。

　　　　もう1つは，庁内における市民に関する情報共有化の進展です。現場からの情報や問題提起が，課長，部長，副市長，市長にスッとあがるようになりました。各段階の意思決定に市民の声が反映しています。

◆【イノベーション】：全員で対話を繰り返すことです。

学識委員：今後増大する福祉ニーズとその負担をバランスさせるには，新しい視点が必要になります。ここに資源の増幅を可能にするイノベーションの必要性があります。この取組み状況について教えて下さい。現場職員の方の意見もお願いします。

市　長：新資源をもたらすイノベーションは，厳しい財政状況下で，福祉の充実と地域創生を目標とする私どもには不可欠なものです。変化と継続性のバランスに配慮しながら，現状維持と沈滞を許さない自由闊達な組織風土の醸成が，イノベーションでの市長の役割になります。

課　長：市長の方針は，市民参画での無作為抽出方式の導入，公設民営保育園での法令解釈，駅前整備計画での市民意見の大胆な採用といった先駆的な政策で具現化されています。イノベーションの考え方の浸透につれて，新企画を評価する意識が広がり，前例や減点主義が薄れてきています。出る杭が打たれない抜かれない組織になりつつあります。

主　任：市役所は大部屋方式ですから部長や課長がすぐそばにいます。課毎の壁もありません。何か思いついたときに「課長，これはどうでしょうか」といったことが日常的です。市長も予告なしで職場に聞きにきます。このような対話からアイデアが形になる場合があります。

終章　マネジメント事例編　M市マネジメント導入の成果と成功要因

市民委員：最近の政策からは職員の意気込みと工夫が伝わります。

◆【職員】：マネジメント学習の成果が現れています。

市民委員：これは私の周りの市民の方も言っていることですが，最近の市の政策内容には，職員の意気込みと工夫が読み取れます。街で部課長さんをよく見かけるといった市民の方もいます。職員が変わってきたように感じますが，これに関して現場の意見をお聞きしたいのですが。

係　長：最大の要因は，マネジメントを理解することで，業務により主体的に取り組めるようになったことです。それは，マネジメントは，社会を良くし人の幸せ実現のためにある。トップだけではなく，成果に貢献する職員すべてに必要といった理解の浸透です。マネジメントは，民間の手法と理解していた私どもの視野が広がり，成果に対する責任と成果達成のために様々な工夫をするようになりました。その1つに，職員が政策責任者である上司を，現場によく連れ出していることがあります。

職　員：組織の基本機能が，マーケティングとイノベーションであることも新しい発見でした。ここから，職員の多くが市民ニーズをより的確に把握すること，新しい方法を考えることを，常に意識するようになっています。より少ない予算で成果を出す意識が定着しつつあります。

◆【役割】：マネジメントが人の幸せを実現するとは衝撃でした。

学識委員：行政と民間の提供するサービスの違いは，民間は主として「喜びの拡大」であり，行政は「悲劇の最小化」です。つまり，行政は，市民に法律の順守と自助努力を要請する難度の高いサービスを提供しています。これからすれば市役所は，民間組織以上の取組みが必要です。

市　長：委員のおっしゃる通りです。市民の皆さまには，充実した生活とともに，税を払って頂かなければなりません。自助的な果たすべきこともお願いしなければなりません。このためには我々が，市民皆さまの想

いを一番理解し，市民起点であることを忘れずに福祉，経済，教育，協働，経営などの専門能力を高め，その活用を真摯にかつ組織的に行うことが必要です。知り得て害をなすことはありません。

部　長：委員指摘の民間以上の取組みの必要性は，知識時代での公務員のあり方を学習することなしでは，理解できなかったことです。先の係長の発言にもあるように，マネジメントは行政組織に必要，その目的には人の幸せ実現がある。しかし行政組織はそれに貢献していないといった指摘は，これらに無関心を装っていた公僕としての我々公務員には衝撃的なものでした。

そのような指摘を受け入れ，新時代に不可欠なマネジメントを学習し実践してきたことが，協働の増加といった市民の方々の反応につながっています。

市民委員：市長さんは，職員の日頃の業務姿勢については，どのようなことを求めているのですか。

市　長：市民憲章を念頭に，法令と自治基本条例に基づいて，正義感と倫理観をもって範となる真摯な行動をと，どの立場の職員にも言っています。もし，条例に問題があったり法令が現実に則していないと感じたら，遠慮なく問題提起して欲しいとも言っています。それは私ども幹部が，責任をもって全力で対応することです。

市民の皆さまに一番多く接しているのは現場の職員です。その職員を支え，最大の能力を発揮してもらうことは，私ども幹部の重要な仕事です。

市長：組織コスト比率は下げますが，サービスの質は落としません。

（行政改革推進委員会での委員の評価②）

白熱した委員会は15分の休憩の後，後半の質疑に入りました。福祉と今後の取組みについて，委員による質疑と評価が続けられました。

終章　**マネジメント事例編**　M市マネジメント導入の成果と成功要因

◆【福祉】：予算減でも工夫と協働で福祉目的の実現に挑みます。

市民委員：福祉関係についてお聞きします。最近の地域ケア，保育園の公設民営化，子育て支援をみると，それぞれ対象となる市民ニーズの発掘と地域資源の有効活用を考えた内容になっています。財政が厳しい状況で，なぜ，このように市民に寄り添う内容になってきたのですか。

市　長：いくつかの要因がありますが，最大の要因は職員の公的業務に携わる誇りです。私どもは，公共サービスの質は落とさないこと，組織コストの比率を下げることを方針にしています。公設公営であれ，公設民営であれ，民設民営であれ，公共サービスの質は全力で確保します。しかしこれには，職員の専門知識と貢献の姿勢が必要になります。職員は，「公共サービスには質的限界はない」とする市のサービス理念を実践してくれています。市民皆さまの意思を尊重し，互いの強みを活かしながら工夫を重ね，果敢な挑戦を行う職員がいるからこそ，市民の皆さまに評価されるものが提供できていると思っています。

課　長：ここにもマネジメント学習の成果があります。税金も含めて資源は常に有限です。どのような環境でも，大義，つまり福祉サービスを持続的に提供するには，資源を上手に活用するマネジメント能力が必要です。このことを，我々は強く自覚するようになりました。浪費と肥大，借金増は厳禁です。

会　長：現場職員の方は，どのような考え方で取り組んでいるのですか。

主　査：現場では，子育てに悩むお母さんの声や，介護を受けている人と家族の声が常に耳に入ります。現場が，福祉事業の廃止や削減をすることには葛藤があります。しかし，マーケティングやイノベーションの基本と原理を活用することで，たとえ予算減でも，公共サービスの質を落とすことなく，目的を実現することに挑むようになっています。そこに自己実現を感じることもあります。

主　任：最近，市民懇談会の席上で「最初から行政に頼るのではなく，地域の身近な課題は，地域に住む市民が知恵を出して考えるのが当然だ」と

いった意見が多く聞かれるようになっています。このような市民の方の意識変化と行動が私たちの仕事を支えてくれています。

市長：市民・地域・社会に貢献する「使命の旅」には終わりはありません。

◆【使命と展望】：大義とその経済性の両立を図ります。

会　長：マネジメントを取り入れた行政改革の成果が出ています。しかし，市も国も社会保障の再構築と財政再建といった厳しい状況は続きます。これに対する市政の展望をお聞かせ下さい。

市　長：行政は市民の皆さまのためにあります。それを実感していただけるような市政を行うことが，市やそこで働く職員すべての責務と考えています。私どもには，市民皆さまの税金で，市民皆さまから支持して頂ける地域福祉を推進していく使命があります。これからも「模範・責任・倫理・貢献」の姿勢で自己改革を怠ることはありません。福祉的成果を産出することで，社会に貢献するマネジメントの浸透もさらに進めます。マーケティングとイノベーションの研鑽も忘れることはありません。行政経営の仕組みもより充実したものにします。

今回の委員皆さまの指摘も踏まえて，行政組織としての大義と財政の健全性の両立を図り，破綻することがない，希望のもてる地域社会の安定と発展に，より一層貢献していきたいと決意を新たにしています。市民の皆さまと協働した，市民生活の安定と発展に向けた私どもの公僕としての「使命の旅」は，終わることはありません。

会　長：委員会では，各委員が書類を読み込み，市内と施設を見て歩き，市民や市の職員の方との対話も行ってきました。この調査・検証からしても市長の決意内容は，期待できるものです。その実現に向けて市民起点の自己改革に邁進し，自らを鍛え磨きあげてその使命を持続的に果たして欲しいものです。そこに市民の幸せと，そして市と日本の未来がありそうです。本日はこれで閉会します（傍聴席から大拍手）。

終章　マネジメント事例編　M市マネジメント導入の成果と成功要因

◆マネジメント導入の4つの成功要因（下図参照）

　マネジメントの導入は，M市と職員，その市民に大きな成果をもたらしました。ドラッカーは，マネジメントを「万人のための帝王学」として，誰もが修得できる行動指針，つまり基本と原則であると明言しています。M市はそれを実践し市民とともに成果を手にしつつあります。

　その成功の要因は，①全員でマネジメントを学習する，②学習した内容を各自が職場で実践する，③マーケティングとイノベーションを政策形成や活動に活用することで成果を出す，そして④導入を受け入れた市長と職員の「市政当事者としてのプロの倫理観」があります。

　これが組織を覚醒させ短期間で改革を成功させることになりました。これは特別のことではなく，誰でもどの組織でも可能なことです。行政のマネジメント（経営）改革は，①首長のリーダーシップ，②職員の貢献意欲，③よく錬られた改革プログラムがあれば，失敗することはありません。ドラッカーがあなたの背中を押してくれます。

組織の成果はマネジメントがもたらす

全員学習	実践活用	成果実現	改革受容
全員がマネジメントを学習し、マネジメントは組織と職員自身にとって不可欠なものであると確信した。	学習したマネジメント内容を、現状の仕組みや方法に適用したことで、新仕組みの構築とその展開ノウハウが習得できた。	マーケティングとイノベーションに取り組んだことで、改革内容が成果に結びつく実践的なものになった。	成功の背景には、「マネジメントを知らない組織に組織改革はできない」といった現実をM市が受け入れたことにある。

ドラッカーマネジメント実践のための研修概要

全国の自治体でマネジメント研修が実施されています。ここでは本書で学習したドラッカーマネジメントを活用した「マネジメント研修の概要（2日コース）」を紹介します。マネジメント研修企画の参考にして下さい。

1. マネジメント研修の概要（2日の標準コース）

（1）マネジメント研修の目的

研修では，ドラッカーマネジメントの基本的な考え方を中心にしながら下記の事項を学習し，マネジメント体系の理解と行政現場で実践展開できるマネジメント力を養成します。

> 1. 考え方：マネジメント基本概念の理解
> 2. 体　系：マネジメント体系の把握と組織展開方法の習得
> 3. 演　習：実践のためのマネジメントモデルの構築
> 4. 実践化：事例の検討による実践ポイントの確認

（2）マネジメント研修の特徴

ドラッカーマネジメントの重要事項を，研修内容に応じて，講義，自己評価，グループ演習，実例検討などの研修形態を組み合わせて行います。

①講　　義：講義は，研修生との対話を交えた交流型で進めます。
②テキスト：テキストは原則本書を使用します。研修後の職場での実践でも活用でき研修の実践効果を高めます。
③演　　習：演習は行政事例を題材にして行います。実例の紹介を交えることで臨場感のある演習になります。
④参考書籍：研修内容に関連した参考書籍も豊富です。研修後の実践や自己啓発で研修内容をより深めることが可能になります。

終章　マネジメント事例編　M市マネジメント導入の成果と成功要因

2. マネジメント研修の内容（2日の標準コース）

（1）環境変化とマネジメントの必要性　　　　　　　　《1日の前半》

ねらい

ドラッカーマネジメントを参考にして，行政におけるマネジメントの必要性を理解し，現状の自己マネジメント能力を把握します。

内　容

①講義：行政を取り巻く環境変化とマネジメントの必要性
②講義：行政組織におけるマネジメントのあり方と基本概念
③評価：自己マネジメントについての評価

環境変化とマネジメントの必要性，あり方を学習し，それを活用する自己マネジメント力を自己評価します。マネジメントの必要性と自己マネジメント能力の把握から，自己の研修課題が明らかになります。

（2）組織マネジメントの全体像　　　　　　　　　　　《1日の後半》

ねらい

ドラッカーマネジメントを参考にして，社会・住民に貢献できる住民起点のマネジメントモデルを学習し，各自のマネジメントモデルの構築を行います。

内　容

①講義：（1）行政組織の目的を実現するマネジメントの体系
②講義：（2）仕事を通じて働く人を活かすマネジメントの体系
③演習：「構築すべきマネジメントモデルとは」

マネジメントの基本を学習した後は，それに基づいて実践で活用できるマネジメントモデルを学習します。学習した内容をグループで検討し，自分たちのマネジメントの現状，そこからのめざすべきマネジメントモデルを考えます。意見交換によるマネジメント体系の理解から，使命，戦略，人材育成，価値創造，住民満足などのマネジメントモデルの理解が深まります。自分たちのマネジメント能力が醸成されます。

(3)【演習】組織のマネジメントモデルを考える　　　《2日の前半》

ねらい

前日に学習したマネジメント内容と策定したマネジメントモデルを活用した演習で実践的なマネジメントモデルを検討し，自らのマネジメント体系構築に役立てます。

内容

①演習：行政事例を使用して組織マネジメントモデルの検討
②発表：各グループの発表による全体での意見交換

行政のマネジメント現場での演習事例を使用して，グループ演習を行います（写真参照）。グループ内の意見交換を通じて，研修で学習したマネジメントの考え方と体系の実践化方法，スキルの相互交流を行い，自らのマネジメントモデルやノウハウを充実します。各グループの検討内容の発表と講師の助言も参考にして，自らのマネジメントモデルを構築します。

(4) 実例学習によるマネジメントの実践化　　　《2日の後半》

ねらい

他組織の実例を学習して研修内容の実践化を促進します。

内容

①実例の紹介と意見交換
②全体のまとめ

2日間のマネジメント研修の最後は，マネジメントを導入して成果を出した実例を確認します。これによりマネジメントの学習と活用が，職員と行政組織の社会への貢献に役立つことが確認できます。

終章　マネジメント事例編　M市マネジメント導入の成果と成功要因

3. マネジメント研修の成果

(1) マネジメント研修の成果

研修で下記の事項が学習でき，社会に貢献できるようになります。

①ドラッカーの諸説からマネジメントの本質が理解できる。
②リーダーの役割を担ったときのマネジメントの活用方法が習得できる。
③政策形成にマネジメントを適用する際の活用方法が習得できる。
④日常業務で自己能力を発揮させるマネジメントの活用方法が習得できる。

本質と実践的なマネジメントの修得

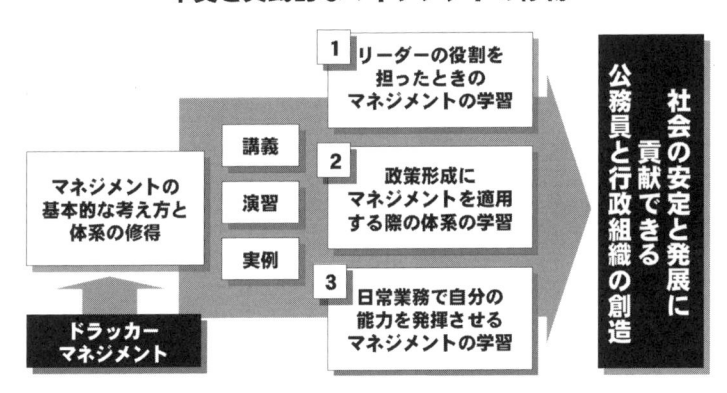

```
                    ┌─1 リーダーの役割を
                    │   担ったときの
                    │   マネジメントの学習
┌──────────┐  講義 ├─2 政策形成に           ┌─────────┐
│マネジメントの│  演習 │   マネジメントを適用  │社会の安定と発展に│
│基本的な考え方と│─────┤   する際の体系の学習  │貢献できる公務員と│
│体系の修得    │  実例 │                       │行政組織の創造   │
└──────────┘       └─3 日常業務で自分の     └─────────┘
      ▲                 能力を発揮させる
┌──────────┐          マネジメントの学習
│ドラッカー    │
│マネジメント  │
└──────────┘
```

(2) その他の研修

この他にも，1日の基礎コースや3日間の実践コースもあります。

①基礎コース（1日）：マネジメントの考え方，マネジメントモデルを中心にして，これに短時間の演習を交えて学習します。基礎的なことを学習したい場合に最適です。

②実践コース（3日）：2日コースの自己マネジメントモデルの構築と実践を強化した上級編です。ドラッカーマネジメントの学習，マネジメントの考え方と体系，マネジメントモデルの構築，自己学習のすべてが実践を意識したものになります。本格的にマネジメント能力を醸成するには最適なコースです。

あとがき

　最後までお読みいただきありがとうございました。あなたやあなたの組織の課題解決に多少なりとも貢献できたでしょうか。

　現在の地方と国は，「福祉と成長性の両立」といった当たり前ではあるが高度な対応が求められています。ドラッカーはそのような大事の成就は，著名なリーダーではなく，普通の人によってなし遂げられるとします。その普通の人たちの活力を引き出すためにマネジメントを発明したと語ります。マネジメントは，行政組織で働く「地上の無名の戦士」であるあなたに必要なものです。

　本書は基本的な事項を中心にしています。ドラッカーのマネジメントについてより理解を深めたい方は，本書のねらいに記載した『マネジメント（上・中・下）』などの7冊をお薦めします。

　行政での具体的な取組みについては，マネジメントでは拙著『民間を超える行政経営』を，マーケティングについては拙著『自治体マーケティング戦略』の参照を。また，本書の内容も取り入れた『マネジメント研修』『マーケティング研修』も用意してあります。もちろんコンサルティングも可能です。ご活用下さい。

　最後に本書の完成には，多くの人たちの協力が必要でした。マネジメントの必要性に関する意見を寄せてくれた自治体職員の方々，事前に原稿を読み貴重な指摘をしてくれた何人かの職員の方，それぞれに御礼申し上げます。書籍の企画は株式会社 同友館 出版部にお願いしました。

　また，つねに内発的なモチベーションの源泉である亡父母，妻智子，優，正志に改めて感謝致します。

淡 路 富 男
平成25年6月

引　用

※下記の引用の内，ドラッカー著で発行年度の明示がないものは，すべて『ドラッカー名著集』になります。

意義とねらい
(1) ドラッカー著 上田惇生訳『マネジメント（上）』ダイヤモンド社，p.5
(2) ドラッカー著 上田惇生訳『ネクスト・ソサエティ』ダイヤモンド社，p.3

1章
(1) ドラッカー著 上田惇生訳『マネジメント（エッセンシャル版）』ダイヤモンド社，p.9
(2) ドラッカー著 上田惇生訳『マネジメント（エッセンシャル版）』ダイヤモンド社，p.50，2001年刊
(3) ドラッカー著 上田惇生訳『経営者に贈る5つの質問』ダイヤモンド社，p.55，2009年刊

1　背景
(1) 21世紀政策研究所『グローバルJAPAN報告書』経団連
(2) ドラッカー著 上田惇生訳『断絶の時代』ダイヤモンド社，p.112
(3) ドラッカー著 上田惇生訳『マネジメント（エッセンシャル版）』ダイヤモンド社，日本の読者へ，p.3，2001年刊

2　必要
(1) ドラッカー著 上田惇生訳『経営の真髄（上）』ダイヤモンド社，p.231，2012年刊
(2) ドラッカー著 上田惇生訳『チェンジ・リーダーの条件』ダイヤモンド社，p.134，2000年刊
(3) ドラッカー著 上田惇生訳『断絶の時代』ダイヤモンド社，p.223

3　責任
(1) ドラッカー著 上田惇生訳『ネクスト・ソサエティ』ダイヤモンド社，p.5，2002年刊
(2) ドラッカー著 上田惇生訳『経営者の条件』ダイヤモンド社，p.26
(3) ドラッカー著 上田惇生訳『経営者の条件』ダイヤモンド社，まえがき
(4) 上田惇生著『ドラッカー入門』ダイヤモンド社，p.47

4 可能

(1) ドラッカー著 上田惇生訳『マネジメント（上）』ダイヤモンド社，p.172
(2) ドラッカー著 上田惇生訳『マネジメント（上）』ダイヤモンド社，p.169
(3) ドラッカー著 上田惇生訳『マネジメント（上）』ダイヤモンド社，p.176
(4) ドラッカー著 上田惇生訳『マネジメント（上）』ダイヤモンド社，p.170

2章

1 定義

(1) ドラッカー著 上田惇生訳『新訳．新しい現実』ダイヤモンド社，p.259，2004年刊
(2) ドラッカー著 上田惇生訳『明日を支配するもの』ダイヤモンド社，p.45
(3) ドラッカー著 上田惇生訳『マネジメント（エッセンシャル版）』前書き，2001年刊
(4) ドラッカー著 上田惇生訳『チェンジ・リーダーの条件』ダイヤモンド社日本の読者へ，2000年刊
(5) ドラッカー著 上田惇生訳『マネジメント（上）』ダイヤモンド社，p.42〜48を参照。
(6) ドラッカー著 上田惇生訳『マネジメント（上）』ダイヤモンド社，p.46
(7) ドラッカー著 上田惇生訳『マネジメント（上）』ダイヤモンド社，p.49〜54を参照。

2 姿勢

(1) ドラッカー著 上田惇生訳『プロフェショナルの条件』ダイヤモンド社，p.100，2000年刊
(2) ドラッカー著 上田惇生訳『プロフェショナルの条件』ダイヤモンド社，p.228，2000年刊
(3) ドラッカー著 上田惇生訳『マネジメント（上）』ダイヤモンド社，p.430
(4) ドラッカー著 上田惇生訳『経営者の条件』ダイヤモンド社，p.78

3 成果

(1) ドラッカー著 上田惇生訳『プロフェショナルの条件』ダイヤモンド社，p.65，2000年刊
(2) ドラッカー著 上田惇生訳『経営者に贈る5つの質問』ダイヤモンド社，p.56，2009年刊を参考。
(3) ドラッカー著 上田惇生訳『明日を支配するもの』ダイヤモンド社，p.44，1999年版
(4) ドラッカー著 上田惇生訳『経営者の条件』ダイヤモンド社，p.81〜83を参照。

4 要件
(1) ドラッカー著 上田惇生訳『現代の経営（上）』ダイヤモンド社，p.222
(2) ドラッカー著 上田惇生訳『プロフェショナルの条件』ダイヤモンド社，p.185〜187，2000年刊を参照。
(3) ドラッカー著 上田惇生訳『プロフェショナルの条件』ダイヤモンド社，p.185，2000年刊
(4) ドラッカー著 上田惇生訳『非営利組織の経営』ダイヤモンド社，p.9

5 特性
(1) ドラッカー著 上田惇生訳『ポスト資本主義社会』ダイヤモンド社，p.80

6 使命
(1) ドラッカー著 上田惇生訳『経営者に贈る5つの質問』ダイヤモンド社，p.20，2009年刊
(2) ドラッカー・スターン著 田中弥生訳『非営利組織の成果重視のマネジメント』ダイヤモンド社，基本用語の定義，2000年刊
(3) ドラッカー著 上田惇生訳『ポスト資本主義社会』ダイヤモンド社，p.72
(4) ドラッカー著 上田惇生訳『非営利組織の経営』ダイヤモンド社，p.5
(5) ドラッカー著 上田惇生訳『非営利組織の経営』ダイヤモンド社，p.7

7 目的
(1) ドラッカー著 上田惇生訳『マネジメント（上）』ダイヤモンド社，p.87〜90を参照。

8 機能
(1) ドラッカー著 上田惇生訳『マネジメント（上）』ダイヤモンド社，p.78
(2) ドラッカー著 上田惇生訳『イノベーションと企業家精神』ダイヤモンド社，p.209〜212を参照。
(3) ドラッカー著 上田惇生訳『マネジメント（上）』ダイヤモンド社，p.76
(4) ドラッカー著 上田惇生訳『マネジメント（上）』ダイヤモンド社，p.82
(5) ドラッカー著 上田惇生訳『イノベーションと企業家精神』ダイヤモンド社，p.15
(6) ドラッカー著 上田惇生訳『現代の経営（上）』ダイヤモンド社，p.50
(7) ドラッカー著 上田惇生訳『非営利組織の経営』ダイヤモンド社，p.83

9 生産
(1) ドラッカー著 上田惇生訳『現代の経営（上）』ダイヤモンド社，p.52
(2) ドラッカー著 上田惇生訳『プロフェショナルの条件』ダイヤモンド社，p.53，2000年刊
(3) ドラッカー著 上田惇生訳『プロフェショナルの条件』ダイヤモンド社，p.53，2000年刊

(4) ドラッカー著 上田惇生訳『現代の経営（上）』ダイヤモンド社, p.53
   (5) ドラッカー著 上田惇生訳『現代の経営（上）』ダイヤモンド社, p.57～59を参照。

10　強み

(1) ドラッカー著 上田惇生訳『経営者の条件』ダイヤモンド社, p.102
(2) ドラッカー著 上田惇生訳『経営者の条件』ダイヤモンド社, p.110～127を参照。
(3) ドラッカー著 上田惇生訳『経営者の条件』ダイヤモンド社, p.108
(4) ドラッカー著 上田惇生訳『経営の真髄（下）』ダイヤモンド社, p.8, 2012年刊

11　動機

(1) ドラッカー著 上田惇生訳『マネジメント（上）』ダイヤモンド社, p.316～329を参照。
    ドラッカー著 上田惇生訳『現代の経営（下）』ダイヤモンド社, p.155～170を参照。
(2) ドラッカー著 上田惇生訳『マネジメント（上）』ダイヤモンド社, p.329
(3) ドラッカー著 上田惇生訳『現代の経営（下）』ダイヤモンド社, p.174を参考。

12　規範

(1) ドラッカー著 上田惇生訳『現代の経営（上）』ダイヤモンド社, p.199
(2) ドラッカー著 上田惇生訳『現代の経営（上）』ダイヤモンド社, p.201
(3) ドラッカー著 上田惇生訳『現代の経営（上）』ダイヤモンド社, p.201～202,
    ドラッカー著 上田惇生訳『マネジメント（中）』ダイヤモンド社, p.100を参考。
(4) ドラッカー著 上田惇生訳『現代の経営（上）』ダイヤモンド社, p.218
(5) ドラッカー著 上田惇生訳『マネジメント（中）』ダイヤモンド社, p.110

13　組織

(1) ドラッカー著 上田惇生訳『マネジメント（中）』ダイヤモンド社, p.236～243を参照。
(2) ドラッカー著 上田惇生訳『マネジメント（中）』ダイヤモンド社, p.246～253を参照。
(3) ドラッカー著 上田・佐々木・田代訳『ポスト資本主義社会』ダイヤモンド社, p.192, 1993年刊

14　廃棄

(1) ドラッカー著 上田惇生訳『マネジメント（上）』ダイヤモンド社, p.121
(2) ドラッカー著 上田惇生訳『明日を支配するもの』ダイヤモンド社, p.84 1999年刊
(3) ドラッカー著 上田惇生訳『経営者の条件』ダイヤモンド社, p.143

15 社会
(1) ドラッカー著 上田惇生訳『マネジメント（上）』ダイヤモンド社，p.381～386 を参照。

16 両立
(1) ドラッカー著 上田惇生訳『非営利組織の経営』ダイヤモンド社，p.52
(2) ドラッカー著 上田惇生訳『非営利組織の経営』ダイヤモンド社，p.11
(3) ドラッカー著 上田惇生訳『非営利組織の経営』ダイヤモンド社，p.119～120を参照。

3章
—マネジメント導入検討会4：［総合企画部］—
(1) 上田惇生著『P.Fドラッカー完全ブックガイト』ダイヤモンド社，p.193

1 政策
(1) ドラッカー著 上田惇生訳『チェンジ・リーダーの条件』ダイヤモンド社，p.53，2000年刊
(2) ドラッカー著 上田惇生訳『マネジメント（上）』ダイヤモンド社，p.100
(3) ドラッカー著 上田惇生訳『現代の経営（上）』ダイヤモンド社，p.74～75を参照。

2 対象
(1) ドラッカー著 上田惇生訳『非営利組織の経営』ダイヤモンド社，p.109
(2) ドラッカー著 上田惇生訳『経営者に贈る5つの質問』ダイヤモンド社，p.26，2009年刊

3 目標
(1) ドラッカー著 上田惇生訳『マネジメント（上）』ダイヤモンド社，p.128
(2) ドラッカー著 上田惇生訳『マネジメント（上）』ダイヤモンド社，p.130

4 戦略
(1) ドラッカー著 上田惇生訳『マネジメント（上）』ダイヤモンド社，p.154～157 を参照。
(2) ドラッカー著 上田惇生訳『マネジメント（上）』ダイヤモンド社，p.158
(3) ドラッカー著 上田惇生訳『マネジメント（上）』ダイヤモンド社，p.158～163 を参照。
(4) ドラッカー著 上田惇生訳『マネジメント（上）』ダイヤモンド社，p.158

4章

1 創造

(1) ドラッカー著 上田惇生訳『創造する経営者』ダイヤモンド社, p.3
(2) ドラッカー著 上田惇生訳『創造する経営者』ダイヤモンド社, p.5〜17を参照。
(3) ドラッカー著 上田惇生訳『創造する経営者』ダイヤモンド社, p.187

2 住民

(1) ドラッカー著 上田惇生訳『創造する経営者』ダイヤモンド社, p.45〜55を参照。
(2) ドラッカー著 上田惇生訳『創造する経営者』ダイヤモンド社, p.61〜81を参照。
(3) ドラッカー著 上田惇生訳『創造する経営者』ダイヤモンド社, p.81〜84を参照。
(4) ドラッカー著 上田惇生訳『創造する経営者』ダイヤモンド社, p.86
(5) ドラッカー著 上田惇生訳『創造する経営者』ダイヤモンド社, p.87〜91を参照。
(6) ドラッカー著 上田惇生訳『創造する経営者』ダイヤモンド社, p.117〜128を参照。
(7) ドラッカー著 上田惇生訳『創造する経営者』ダイヤモンド社, p.129〜143を参照。
(8) ドラッカー著 上田惇生訳『創造する経営者』ダイヤモンド社, p.144
(9) ドラッカー著 上田惇生訳『創造する経営者』ダイヤモンド社, p.168
(10) ドラッカー著 上田惇生訳『創造する経営者』ダイヤモンド社, p.155
(11) ドラッカー著 上田惇生訳『創造する経営者』ダイヤモンド社, p.149〜153を参照。
(12) ドラッカー著 上田惇生訳『創造する経営者』ダイヤモンド社, p.156〜159を参照。

3 革新

(1) ドラッカー著 上田惇生訳『イノベーションと企業家精神』ダイヤモンド社, p.8
(2) ドラッカー著 上田惇生訳『イノベーションと企業家精神』ダイヤモンド社, p.18〜155を参照。
(3) ドラッカー著 上田惇生訳『イノベーションと企業家精神』ダイヤモンド社, p.161〜163を参照。
(4) ドラッカー著 上田惇生訳『イノベーションと企業家精神』ダイヤモンド社, p.248〜308を参照。
(5) ドラッカー著 上田惇生訳『イノベーションと企業家精神』ダイヤモンド社, p.248〜261を参照。
(6) ドラッカー著 上田惇生訳『イノベーションと企業家精神』ダイヤモンド社, p.262〜279を参照。
(7) ドラッカー著 上田惇生訳『イノベーションと企業家精神』ダイヤモンド社,

p.280～295を参照。
(8) ドラッカー著 上田惇生訳『イノベーションと企業家精神』ダイヤモンド社，p.296～308を参照。

4 推進
(1) ドラッカー著 上田惇生訳『イノベーションと企業家精神』ダイヤモンド社，p.3
(2) ドラッカー著 上田惇生訳『イノベーションと企業家精神』ダイヤモンド社，p.214～217を参照。
(3) ドラッカー著 上田惇生訳『イノベーションと企業家精神』ダイヤモンド社，p.175～184を参照。
(4) ドラッカー著 上田惇生訳『イノベーションと企業家精神』ダイヤモンド社，p.184～188を参照。
(5) ドラッカー著 上田惇生訳『マネジメント（エッセンシャル版）』ダイヤモンド社，p.272，2001年刊

5章

1 姿勢
(1) ドラッカー著 上田惇生訳『明日を支配するもの』ダイヤモンド社，p.218，1999年刊
(2) ドラッカー著 上田惇生訳『経営者の条件』ダイヤモンド社，p.93～97を参照。
(3) ドラッカー著 上田惇生訳『経営者の条件』ダイヤモンド社，p.97

2 目標
(1) ドラッカー著 上田惇生訳『マネジメント（中）』ダイヤモンド社，p.69～77を参照。

3 生産
(1) ドラッカー著 上田惇生訳『明日を支配するもの』ダイヤモンド社，p.169～177，1999年刊を参照

4 強み
(1) ドラッカー著 上田惇生訳『明日を支配するもの』ダイヤモンド社，p.196～199，1999年刊を参照。
(2) ドラッカー著 上田惇生訳『明日を支配するもの』ダイヤモンド社，p.211，1999年刊
(3) ドラッカー著 上田惇生訳『明日を支配するもの』ダイヤモンド社，p.213，1999年刊

5 時間
(1) ドラッカー著 上田惇生訳『経営者の条件』ダイヤモンド社，p.58～61を参照。

(2) ドラッカー著 上田惇生訳『経営者の条件』ダイヤモンド社, p.64〜71を参照。
(3) ドラッカー著 上田惇生訳『経営者の条件』ダイヤモンド社, p.73〜74を参照。

6　集中

(1) ドラッカー著 上田惇生訳『経営者の条件』ダイヤモンド社, p.138
(2) ドラッカー著 上田惇生訳『経営者の条件』ダイヤモンド社, p.152
(3) ドラッカー著 上田惇生訳『経営者の条件』ダイヤモンド社, p.141
(4) ドラッカー著 上田惇生訳『断絶の時代』ダイヤモンド社, p.232
(5) ドラッカー著 上田惇生訳『新版：断絶の時代』ダイヤモンド社, p.244, 247, 1999年刊
(6) ドラッカー著 上田惇生訳『経営者の条件』ダイヤモンド社, p.142
(7) ドラッカー著 上田惇生訳『経営者の条件』ダイヤモンド社, p.146
(8) ドラッカー著 上田惇生訳『経営者の条件』ダイヤモンド社, p.151

7　決定

(1) ドラッカー著 上田惇生訳『経営者の条件』ダイヤモンド社, p.154
(2) ドラッカー著 上田惇生訳『経営者の条件』ダイヤモンド社, p.165〜189を参照。
(3) ドラッカー著 上田惇生訳『経営者の条件』ダイヤモンド社, p.200
(4) ドラッカー著 上田惇生訳『現代の経営（下）』ダイヤモンド社, p.240

8　総力

(1) ドラッカー著 上田惇生訳『明日を支配するもの』ダイヤモンド社, p.221〜224, 1999年刊を参照。
(2) ドラッカー著 上田惇生訳『明日を支配するもの』ダイヤモンド社, p.220, 1999年刊
(3) ドラッカー著 上田惇生訳『経営者の条件』ダイヤモンド社, p.135

ドラッカーの想い

(1) ドラッカー著 上田惇生訳『マネジメント（エッセンシャル版)』ダイヤモンド社, p.275, 2001年刊
(2) ドラッカー著 上田惇生訳『経営者の条件』ダイヤモンド社, p.219

◉著者紹介

淡路富男(あわじとみお)：行政経営総合研究所代表

- 【経歴】民間企業を勤務後，民間大手コンサルティング会社，㈶日本生産性本部主席経営コンサルタントを経て，現在は行政経営総合研究所の代表。各シンクタンクのコンサルティング，研修も担当する。
- 【専門】総合計画，行政経営，行政改革，行政マネジメント，自治体マーケティングに関するコンサルティング，研修，講演，執筆。
- 【活動】民間企業のコンサルティングと並行して，「行政経営導入プログラム」を開発し，地方自治体での行政経営改革コンサルティング，行政経営研修，経営戦略研修，マネジメント研修，自治体マーケティング研修，講演，研究，執筆活動などで成果をあげている。
- 【役歴】各自治体での総合計画審議委員，行財政改革審議委員，行政改革推進委員，各自治体職員研修所での研修講師なども歴任。
中小企業診断士（経済産業省）。
- 【著書】『突破する職員：共著』（公職研）
『三鷹がひらく自治体の未来：共著』（ぎょうせい）
『自治体マーケティング戦略』（学陽書房）
『民間を超える行政経営』（ぎょうせい）
『首長と職員で進める行政経営改革』（ぎょうせい）
『行政経営品質とは何か』（生産性出版）
『実践マーケティング戦略』（同文舘）
- 【雑誌】『ガバナンス』『地方財務』（ぎょうせい）
『地方自治職員研修』（公職研）
『国際文化研修』（全国市町村国際文化研修所）
- 【連絡】E-Mail：awaji@jcom.home.ne.jp
URL：http：//members.jcom.home.ne.jp/igover/

2013年7月20日　初版第1刷発行
2017年1月10日　初版第2刷発行

ドラッカーに学ぶ
公務員のためのマネジメント教科書

Ⓒ著　者　淡路富男

発行者　脇坂康弘

発行所　株式会社 同友館

〒113-0033 東京都文京区本郷3-38-1
TEL.03(3813)3966
FAX.03(3818)2774
http://www.doyukan.co.jp/

落丁・乱丁本はお取り替えいたします。　西崎印刷／三美印刷／松村製本
ISBN 978-4-496-04978-1　Printed in Japan

本書の内容を無断で複写・複製（コピー），引用することは，
特定の場合を除き，著作者・出版者の権利侵害となります。